Mein fremdes Kind

Anais C. Miller

W0215894

Cover: Pixaby

Lektorat. fehler-haft.de

Das Leben ist wie am Meer zu sitzen. Du bist entspannt, genießt die Sonnenstrahlen und relaxt mit Körper und Seele wohlig räkelnd im warmen Sand, während du deinen Blick auf die unendliche Weite des Meeres richtest. Du bist innerlich zufrieden und frei, von allem Übel gelöst. Aber genau dort draußen, irgendwo mitten im Wellengang der offenen, rauen und unberechenbaren See, braut sich eine Welle zusammen, die zeitnah an den Strand heranrollen wird. Wie mächtig und vernichtend sie sein kann, davon hat niemand eine Ahnung. Ihr Ausmaß offenbart sich erst dann, wenn es so weit ist und sie bedrohlich näher kommt. Manchmal ist ein Weglaufen zu spät, und du musst dich ihr unausweichlich stellen…

Während der eine es längst vergessen hat, versucht der andere immer noch, nicht daran zu zerbrechen.

Die Liebe.

Ein leidiges Thema. Jeder von uns stellt einem anderen Menschen mindestens dreimal, wenn nicht sogar häufiger in seinem Leben die Frage: „Liebst du mich eigentlich?“ Das ist wissenschaftlich erwiesen.

Lieben können wir nur, wenn wir frei sind. Ein Mensch, der mit sich selbst beschäftigt und blind für alles ist, was um ihn herum geschieht – warum auch immer, vielleicht weil er ein Workaholic ist oder an Depressionen leidet, ein Alkohol- oder Drogenproblem hat –, wird einen anderen Menschen niemals lieben können, behaupte ich. Ich möchte euch eine Geschichte erzählen, die sich tatsächlich so zugetragen hat. Sie ist unheimlich traurig, und sie erzählt von Liebe …

An ihrem tragischen Ende werdet ihr mich verstehen.

Anais C. Miller

Kapitel 1

Realitätsverlust

Ein Fuchs. Plötzlich stand er da. Im Scheinwerferlicht meines Autos sah ich ihn. Regungslos verharrte er mitten auf der Landstraße. Verwaist. Verlassen. Aufgetaucht irgendwo heraus aus dem dunklen Nirgendwo der Nacht. Das Tier bewegte sich nicht, als ich mich ihm mit rasender Geschwindigkeit näherte. „Geh doch weg. Geh weg!" Zu spät. Ich riss das Lenkrad herum und trat mit voller Wucht auf die Bremse. Der Wagen geriet sofort ins Schleudern und drehte sich quer zur Fahrbahn. Das entgegenkommende Fahrzeug konnte nicht rechtzeitig ausweichen, und beide Autos stießen zusammen. Durch die Wucht des Aufpralls wurde mein Auto in den Straßengraben geschleudert, hinter dem ein steiler Abhang lag. Das Auto überschlug sich mehrere Male und krachte erbarmungslos gegen einige der Tannenbäume, die den Weg blockierten. Sie wurden stumme Zeugen eines schrecklichen Unfalls in einer klaren Winternacht. Während das Auto beinahe ungebremst weiterrutschte, und wieder und wieder mit den Bäumen kollidierte, durchbrach schließlich ein größerer Ast die bereits zerborstene Windschutzscheibe. Wie ein totbringender Speer, den jemand gezielt auf mein Herz gerichtet und unter größtem Kraftaufwand abgeworfen hatte, durchbohrte er meinen Brustkorb. Ich war bei vollem Bewusstsein. Registrierte alles. Den Fuchs, den Aufprall, den Absturz, den todbringenden Ast, der sich schließlich durch mein Herz stach. War es mein Herz, das er entzweiriss? Warum fühlte ich einen leichten Schmerz, wenn ich tot war? Regungslos, bewegungslos, gefangen, ein- und festgeklemmt, dem Tod ausgeliefert, hing ich im Anschnallgurt meines Autos, das schließlich dem Stillstand erlegen war. Völlige Stille umgab mich, während vor wenigen Sekunden noch ein unglaublicher Krach meine Ohren betäubt hatte. Das sich abermals überschlagende Auto, das Streifen der Karosserie entlang der Bäume, und jetzt herrschte auf einmal Totenstille. „Ich will nicht sterben! Bitte, lieber Gott, lass mich leben! Vergib mir, Vater, dass ich vor wenigen Stunden bereit war, den Freitod zu wählen, weil ich zu feige war, mich meinem Leben zu stellen, verzeih mir bitte! Verzeih mir!“ Ich wollte weinen, jedoch kamen keine Tränen. Mein Gesicht war blutverschmiert. Ich spürte die bedrohliche Wärme auf meiner Haut kribbeln. Dort, wo Blut in größeren Mengen deine Haut berührt, spürst du sie, die flüssige Wärme. Ein Gefühl, das mich normal in

Panik versetzt, aber ich blieb ruhig. Ganz ruhig. Das Gefühl, triefendes, warmes, und pulsierendes Blut aus den Venen meines Körpers zu fühlen, war mir angenehm. Es brachte ein Gefühl von Heimat über mich. Ja, ich würde nach Hause gehen. Endlich nach Hause … Etwas spüren und fühlen zu können in einer nahenden Todesstunde besänftigt alle Ängste. Automatismus des menschlichen Körpers. Ein Schockzustand, der dich umhüllt und Gefühle wie Panik, Angst und Schmerz außer Kraft setzt. Mein Herz schlug langsam. Bedrohlich langsam, und mir wurde schummerig vor Augen. „Julia!“ Ich horchte auf. Irgendwo in der Ferne, glaubte ich, rief jemand meinen Namen. Da! Wieder! „Julia!“ „Hier!“, antwortete ich leise. „Hier!“ Hastige Schritte näherten sich. Meine Wahrnehmung trübte sich. Ich nahm um mich herum alles nur noch verzerrt, verschwommen und unendlich weit fort vom eigentlichen Geschehen wahr. Plötzlich stand meine Tochter Emma an der Autotür. Ein heller Schein umgab sie. Ein zärtlicher Lichtstahl, der sie in den Konturen ihrer ganzen Schönheit zeichnete und erstrahlen ließ. Ich erkannte sie genau. Sie war so ein hübsches Kind. Emma drückte ihr Gesicht an die Scheibe und hielt sich die Hand an die Stirn. „Julia?“, rief sie ängstlich und aufgebracht. Mein Kind nannte mich sein Leben lang beim Vornamen, es sagte niemals Mama zu mir. „Ja!“, seufzte ich entkräftet, und ein kleines Lächeln huschte über mein verletztes Gesicht. „Ich liebe dich, Mama!“, schrie Emma hinter der Scheibe. Ich blickte in ihre Augen. Sie waren tränendurchtränkt. „Bitte geh nicht!“, weinte sie. „Es tut mir so leid, Mama!“ Meine Hand vermochte ich an die Scheibe zu legen, um ihre Wange zu streicheln. „Es gibt ein Wiedersehen!“, wisperte ich leise. „Ganz bestimmt, und ich liebe dich, Emma! Ich habe dich immer geliebt! Vergiss das bitte niemals!“ Es wurde dunkel. Emmas Stimme verstummte, und ihr Gesicht erlosch. „Nein! Geh nicht! Geh nicht! Geh nicht fort! Bitte bleib hier!“ Meine Kräfte schwanden. Versunken in meinen letzten Gedanken an meine Tochter Emma, gab ich mich meinem Schicksal geschlagen …

Kapitel 2

Ich und andere Probleme

Ein pubertierendes Kind und ein schwermütiger Lebensgefährte. Keine gute Kombination für eine Frau, die glaubt, mit beiden Beinen fest im Leben zu stehen und dass sie unerschütterlich sei. „Du bist so stark!“ Ach du meine Güte. Diese gutgemeinten, aber so nichtssagenden Worte aus dem Mund meines Freundes, wie oft musste ich sie mir noch anhören? Ausgerechnet von dem Mann, in dem ich vor drei Jahren glaubte, endlich den Menschen gefunden zu haben, der mir eine Schulter zum Anlehnen gab. Weit gefehlt, und noch viel tiefer in die Scheiße gegriffen mit diesem angeblichen Superhelden, von dem ich tatsächlich glaubte, er wäre einer gewesen. Eine Katastrophe ungeahnten Ausmaßes bahnte sich ihren Weg in mein unschuldiges Leben. Wenn ich zurückdenke, erinnere ich mich nur an wenige Stunden, in denen meine Lebensuhr in geordneten Verhältnissen tickte und ich wirklich glücklich war. Bei mir herrschte das ewige Chaos. Ein Drunter und Drüber. Ein Durcheinander. Das Gefühlswirrwarr schlechthin. Wir gucken bekanntlich unseren Mitmenschen nur vor den Kopf. Was sich in ihnen verbirgt, bleibt manchmal auf immer und ewig das ungelöste Rätsel oder die zeitnah zu explodierende Unzuträglichkeit. Weil wir plötzlich mit der Wahrheit konfrontiert werden, die uns so gar nicht gefällt. Die rosarote Brille! Wenn wir sie abnehmen, folgt das Entsetzen. Letzteres war bei mir und meinem Freund der Fall, als mir augenblicklich die Brille von der Nase fiel. Bis es passierte, zogen jedoch einige Jahre ins Land, und ich würde sagen, heute, gute dreieinhalb Jahre später, kenne ich die bittere Wahrheit über das traurige Seeleninnere meines Freundes. Jedoch möchte ich mich mit der Antwort nicht zufriedengeben, warum alles so kam, wie es letztendlich gekommen ist und was die Antwort aus zwei Menschen gemacht hat. Ich möchte es nicht, ich muss es aber, weil uns das Leben nicht immer eine zufriedenstellende Antwort auf unsere vielzähligen Fragen gibt. Nicht nur mein Freund offenbarte sich mir plötzlich in einer für mich befremdlichen Art und Weise, die Fassungslosigkeit und Entsetzen in mir hervorriefen, sondern auch meine zwölfjährige, pubertierende Tochter. Sie brachte noch viel größeres Unheil über mich. Es war so fürchterlich, was sie mir angetan hatte, dass sie mich beinahe in den Selbstmord getrieben hätte. Wie eine augenblicklich sich hoch auftürmende Welle, unter der ich gnadenlos begraben wurde und zu ertrinken drohte, kämpfte ich ohne Aussicht auf ein Rettungsboot im wahrsten Sinne des Wortes um mein nacktes Überleben. Beide Menschen schienen mich aus heiterem Himmel heraus gleichzeitig um alles zu bringen, was mir lieb war und was ich besaß. Mein Freund prellte mich finanziell um einen großen Gewinn, während er mir zugleich den Glauben an die Liebe nahm. Meine Tochter nahm mir für einen Moment meinen Stolz, meine Achtung und den Glauben, unser Leben weiterhin mit all meiner Kraft bewältigen zu können. Es war schrecklich. Dieser eine Tag. Irgendwann im November. Eine Katastrophe, von der ich glaubte, mich nie wieder erholen zu können. Eine unüberwindbare Wand zog sich vor meinem geistigen Auge so hoch, dass ich deren Ende nicht mehr sah. Plötzlich kommst du in deinem Leben an einen Punkt, wo nichts mehr geht, der totale Stillstand dich in die Knie zwingt. Alleinerziehende Mutter bin ich und kämpfe mich neben meinem Job als Mutter durch drei weitere Jobs, führe einen großen Haushalt und versorge eine Menge Tiere auf unserem Hof. Ich bin passionierte Pferdeliebhaberin und nenne eine kleine, aber feine Pferdezucht mein Eigen. Ich trage enorm viel Verantwortung für mein Tun, Denken und Handeln. Einen hochdepressiven, finanziell immer klammen

Freund und eine Tochter, die mich beinahe ins Gefängnis brachte, konnte ich mir nicht leisten. Weder finanziell noch emotional. Mit meinem hart erarbeiteten Geld musste ich gut haushalten, um den Hof, die Tiere und meine Tochter sowie unseren Lebensstandard über Wasser zu halten. An mich und meine Bedürfnisse dachte ich selten. Auszeiten und Erholungsphasen gab es in meinem Alltag keine. Krank sein war Luxus, den ich mir nicht erlauben durfte. In den letzten zwölf Jahren, solange meine Tochter auf der Welt war, konnte ich mich zwar an diverse Krankheiten erinnern, die mich heimsuchten, aber ich gab mich ihnen nicht hin. Sich auskurieren, das war mir ein Fremdwort. Erbittert strotzte ich allen Erkältungen, Herzanfällen, Stoffwechselerkrankungen und Burnouts. Ich würde sagen, ungelogen, ich überging bestimmt fünf von ihnen an der Zahl. Wie eine hohe, sich auftürmende Welle fegten all die schrecklichen Dinge der Erkrankungen über mich hinweg. Mir gelang es erstaunlicherweise immer wieder, mich unter ihr hindurchzumogeln, um ja kein Wasser zu schlucken. Dann wäre ich dem Untergang geweiht gewesen. „Woher nimmst du die Kraft?" Diese Frage stellte mir mein Freund Klaus wieder und wieder. Nein, ich war nicht stolz darauf, ein verdammter Kämpfertyp zu sein. Nur zu gern hätte ich innegehalten und mich ausgeruht von all dem Übel, das meinen Lebensweg kreuzte und mein Herz mit dunklen Steinen pflasterte. Andere Menschen fuhren in die Kur. Nahmen sich eine Auszeit in ihrem Beruf, gingen einfach ein Jahr lang fort und ließen alles hinter sich. Fragten nicht nach einem Warum. Begingen den Pilgerweg. Stiegen auf den Mount Everest, bereisten die Welt. Nahmen ihren Jahresurlaub an einem Stück oder ließen sich eine komplette Auszeit von ihrem Arbeitgeber genehmigen. Zu ihnen gehöre und gehörte ich nie. Trotzdem war es definitiv zu viel, was ich mir zumutete. Das Maß des Möglichen, was ein Mensch verkraften kann, kochte bei mir jahrelang ungehindert über. Ich registrierte diesen Umstand, unternahm aber nichts, um ihn zu ändern oder einzudämmen. Solch ein starrsinniges, egoistisches Verhalten bleibt niemals ohne Folgen für die Seele. Zumindest nicht, wenn Kinder im Spiel sind. Dabei war ich eigentlich überhaupt nicht egoistisch. Ich dachte immer zuerst an die anderen, dann an mich. Egoistisch war es jedoch, zu glauben, dass ich alles im Griff hatte. Die Zeitschaltuhr der Bombe tickte unüberhörbar. Es war nur noch eine Frage der Zeit, wann sie hochgehen würde. Während ich um Klaus, meinen Lebensgefährten, einen erbitterten Kampf führte, wie wir seine Depressionen endlich in den Griff bekommen würden, entglitt mir meine Tochter, ohne dass ich es bemerkte. Im Grunde genommen entzog sie sich meiner Einwirkung bereits seit mehreren Jahren. Allerdings war sie im jüngeren Alter nicht fähig, ihre Bedürfnisse und Wünsche in der Art zu äußern, dass mir keine andere Wahl blieb, mich den Dingen zu stellen und meinem Kind und seinen Forderungen zuzuhören. Während Emma mir mit zunehmendem Alter deutlich ihre eigenen Grenzen aufzeigte, hielt ich sie in jüngeren Jahren mit meiner Dominanz und angedachten Erziehungsmaßnahmen auf Distanz und hatte sie emotional voll im Griff. Allerdings gab es zwischen uns das Problem, dass ich nicht immer alleinerziehend war, es gab ja auch einen Vater zu meinem Kind. Besser wäre es gewesen, ich hätte mich von diesem sofort nach Emmas Geburt getrennt. Ich hätte Emma viel Leid erspart – und mir noch mehr. Emmas Vater übernahm damals von Anfang an die Erziehung unseres gemeinsamen Kindes, weil ich zeitlich, bedingt durch meine Jobs, nicht in der Lage war, mich auch noch obendrein um die Erziehung unseres Kindes zu kümmern. Zunächst war ich erleichtert über Markus' Angebot, dass er mich mit der Erziehung unserer Tochter entlasten wollte. Wir waren nicht verheiratet. Es war also nichts selbstverständlich in unserer Beziehung. Gar nichts. Weder, dass unsere Tochter seinen Nachnamen erhielt, noch, dass wir uns das Sorgerecht teilten. Niemals hätte ich daran geglaubt, welch einen Horror ich später einmal erleben würde in der Beziehung zu Emmas Vater. Wenn du verliebt bist, ist alles rosarot. Die Liebe lässt uns Menschen in unserer Wahrnehmung und der dazugehörigen Intuition enorm schwächeln. Wir treffen keine Vorkehrungen, falls der Fall der Fälle eintreten sollte und uns jemand das Herz bricht. Wenn es das bei Markus nur gewesen wäre, dass er mir das Herz brach, dann wären Emma und ich mit einem blauen Auge davongekommen. Der Fall der Fälle kann ganz anders aussehen, als dass er nur Schmerzen hinterlässt. Schmerzen, die wir in unserer Seele verspüren, wenn wir eine Beziehung beenden. Wenn ein Kind mit im Boot sitzt, müssen plötzlich eine Menge Unannehmlichkeiten unter den Erwachsenen geklärt werden. Wer von beiden erhält das Aufenthaltsbestimmungsrecht des Kindes? Teilen wir uns das gemeinsame Sorgerecht, ja oder nein? Wer ist unterhaltspflichtig? Wird der Vater des Kindes wohl den Unterhalt bezahlen oder will er sich galant aus der Affäre ziehen? Was passiert, falls das Kind irgendwann einmal äußern sollte, dass es lieber bei Papa leben und wohnen möchte statt bei Mama? An all diese Dinge dachte ich nicht, als ich mit Markus eine Beziehung einging und von ihm schwanger wurde. Es würde schon alles irgendwie laufen und wir beide für den Rest unseres Lebens zusammenbleiben. Ich war in unserer Beziehung diejenige, die das Geld nach Hause brachte. Karrieregeil war ich. Ein Workaholic. Und eine Rabenmutter. Das waren Ausdrücke, die im Laufe der Jahre, in denen mein Kind heranwuchs, und die Beziehung zu Markus den Bach runterging aus Gründen, auf die ich in dieser Geschichte näher eingehen möchte, fester Bestandteil meines Tagesablaufs wurden. Tagtäglich musste ich mich von Markus beschimpfen lassen, als unser Kind auf der Welt war. Nur weil ich weiterhin arbeiten ging. Nicht nur das. Emotionale Gewalt beherrschte augenblicklich mein Leben. Ausgeübt durch einen widerlichen Mann, den ich einst sehr geliebt hatte und von dem ich glaubte, ihn plötzlich nicht mehr wiederzuerkennen. Ein Mensch, der sich plötzlich vom treusorgenden Familienvater zur hassbesessenen Bestie entwickelte. Gab es keine Anzeichen, dass in Markus ein narzisstischer Choleriker steckte, der zur Gewalt neigte und oftmals viel zu tief ins Glas schaute? Doch, natürlich gab es sie. Ich schenkte ihnen nur keine größere Bedeutung. Ich schwieg sie tot. Ich schluckte runter und verzieh ihm alles. Ich war auf der einen Seite viel zu sehr beschäftigt mit meiner Arbeit, und mit mir selbst, und ich glaubte auf der anderen stets an das Gute im Leben und im Menschen. So ging ich locker und leicht durch den Alltag, verschloss meine Augen einfach vor den Dingen, die ich nicht sehen wollte. Dass Markus anscheinend ein Alkoholproblem hatte, ignorierte ich. Na ja, wie Männer so sind. Bier gehört zum Alltag dazu. Unfassbar, wie sich das Leben plötzlich verändern kann, weil du Signale, dass du auf dem falschen Dampfer bist, gnadenlos übergehst. Es könnte die Ruhe vor dem Sturm sein. Man wiegt sich in Sicherheit, und plötzlich, aus heiterem Himmel, stürzt alles über dir zusammen. Ich habe es in den letzten Jahren bitter erfahren und gelernt, dass mir andere Menschen ganz schnell das Leben zur Hölle machen können, wenn sie das nur wollen. Warum wollen gewisse Menschen das eigentlich? Überall ihre Wut und ihren Hass verbreiten? Weil sie ihren Frust loswerden möchten! Weil sie mit ihrem eigenen Leben völlig unzufrieden sind. Sie leiden unter Überforderung oder erlitten irgendwann einmal ein Trauma. Solche Dinge verändern Menschen. Sie können es nicht ertragen, wenn ihre Mitmenschen auf irgendeinem Gebiet plötzlich Erfolg haben, auf dem sie selbst gern unterwegs wären, aber vielleicht kläglich versagt haben. Oftmals verbreiten sie ihre Unzufriedenheit aber auch deshalb, weil sie überfordert und vom Leben ausgelaugt sind. Es fehlt ihnen die Kraft, sich zusammenzureißen. Sie sind wie giftige Schlangen, die überall ihr Gift versprühen. Manche Menschen streiten sich bis aufs Messer mit ihren Mitmenschen. Meine Eltern stritten ständig mit unseren Nachbarn. Einmal waren deren Bäume zu hoch gewachsen, dann stritten sie, weil mein Vater zur Mittagszeit den Rasen mähte, oder, oder, oder … Die Liste war lang, worüber sich meine Eltern mit den Nachbarn in den Haaren lagen. Sich jeden Tag über den Weg laufen zu müssen, und sich nicht einmal einen Gruß zuzuwerfen, ist bitter. Wenn man jedoch in der eigenen Familie terrorisiert, bedroht und emotional ausgebeutet wird, dann ist das eine Katastrophe. Ich konnte mich nicht mal eben einfach so mir nichts, dir nichts befreien aus meinem Desaster. Konnte nicht fortlaufen vor der häuslichen Gewalt, die mich plötzlich heimtückisch überfiel. „Warum bist du denn nicht fortgegangen? Wieso hast du es zehn Jahre lang mit diesem Menschen ertragen und ausgehalten? Du hättest deine Koffer packen und gehen können!“, attackierten mich meine engsten Freunde verständnislos, als ich ihnen erzählte von meinem Leid, das ich jahrelang still ertragen und unter dem ich seelisch sehr gelitten hatte. Sie hatten gut reden! Wer nicht in den Schuhen eines Menschen dessen

Weg gelaufen ist, sollte nicht über ihn urteilen. So einfach war das alles nicht. Für mich hing zu vieles an der Beziehung zu Markus. Eine schwierige Situation. Unser Kind stand zwischen uns. Meine Tiere und mein Zuhause standen auf dem Spiel. Ebenso das leidige Thema Geld. Meistens spielt Geld eine übergeordnete Rolle im Leben der Menschen, und in ihren Augen tut es das zu Recht. Geld bestimmt oftmals, wie wir unser Leben auszurichten haben, glauben wir. Wäre ich von Markus fortgegangen, hätte ich zunächst ein finanzielles Problem gehabt und wäre dadurch wahrscheinlich in ein tiefes Loch gefallen. Wir teilten uns die Miete und alle anfallenden Lebenserhaltungskosten. Wie hätte ich ohne ihn bestehen sollen? Außerdem trug ich die Hoffnung in mir, dass es besser werden würde mit Markus' cholerischem Verhalten in unserer Beziehung. Ich glaubte daran, dass wir endlich eine ganz normale Familie sein würden. Aber was ist heutzutage schon normal? Eine normale Familie…Die Frage kann ich beantworten: Eine Familie, in der die Frau weder geschlagen noch vergewaltigt wird. Eine Familie, in der kein emotionaler Missbrauch herrscht. Eine Familie, in der die Kinder keine Zeugen täglicher Gewalt und Respektlosigkeiten der Eltern untereinander werden. Eine Familie, in der all diese schrecklichen Dinge wie Gewalt und Missbrauch an der Tagesordnung stehen, ist jedenfalls nicht normal. Leider bemerkt man oftmals viel zu spät, dass man längst in dieser Spirale gefangen ist und sich jeden Tag wie ein Hamster in seinem Laufrad fortbewegt. Nämlich im Kreis, und ohne die Möglichkeit, aus diesem Hamsterrad auszubrechen. Man kommt zwar irgendwie jeden Tag vorwärts, es gibt jedoch keine grundlegende Veränderung in dieser ausweglosen Lage. Hass, Gewalt und körperliche Angriffe werden zur Normalität, weil man den Bezug zur Realität längst verloren hat. Wenn man bemerkt, dass man ein Opfer emotionalen Missbrauchs und körperlicher Gewalt ist, ist es meistens schon zu spät. Ich möchte nicht jammern, welch anstrengendes und stumpfsinniges Leben ich plötzlich führte, als Markus sein ehrliches Gesicht offenbarte. Nein. Ich möchte auch nicht im Selbstmitleid ertrinken. Derartige Eigenschaften gehörten niemals zu meinem Charakter. Ich war immer die Bodenständige. Die Frau, die für alle Untergänge des Lebens mit irgendwelchen Plänen in der Tasche gewappnet war. Ging Plan A schief, gab es B. Scheiterte B, zauberte ich C aus dem Hemdsärmel. Aufgeben wäre niemals eine Option für mich gewesen. Egal in welchem Bereich des Lebens, ich war eine Kämpferin. Irgendwo fand ich immer einen Ausweg, um mit dem nahenden Unheil, das mich heimsuchte, fertigzuwerden. Das glaubte ich zumindest. Bis irgendwann der Tag kam, an dem mir grausame und nackte Tatsachen aufzeigten, dass ich hinsichtlich des Glaubens an meine grenzenlose Freiheit in meinem Denken und Handeln doch sehr begrenzt war. Ebenso, dass ich alles war außer *frei*. Das Schlimmste, was dir passieren kann. Wenn du plötzlich bemerkst, wie ohnmächtig du eigentlich bist. Wenn andere Menschen auf einmal die Oberhand gewinnen und dir dein Leben vorschreiben. Sich in alles einmischen, weil sie berechtigt dazu sind. Behörden. Das Jugendamt. Die Polizei. Mutig zog ich zunächst meinen Degen aus dem Mantel und stellte mich den Abläufen meines Lebens. Mir war bereits einiges im Leben widerfahren, woran andere Menschen vielleicht verzweifelt wären. Mein erstes Kind war eine Totgeburt in der 39. Schwangerschaftswoche. Dieses Kind verlor ich durch einen fatalen Ärztefehler. Knappe vier Tage später, nachdem mein damaliger Mann (wir waren verheiratet) und ich unser Kind beerdigten, eröffnete mir dieser, dass er sich in eine andere Frau verliebt hätte und aus unserer gemeinsamen Wohnung ausziehen wollte. Das war ein Niederschlag. Es traf mich damals unsagbar schwer. Die Verwundung, die mein Mann mir zugefügt hatte, war lebensgefährlich. Damals dachte ich an Suizid. Eine Therapie half mir, ins Leben zurückzufinden. Allerdings konnte der Therapeut den für mich nervlich unerträglichen Zustand, dass mein Ex-Mann und ich uns täglich die Türklinke in die Hände reichten, weil wir immer noch in demselben Miethaus wohnten, nicht abändern. Mein Ex-Mann zog damals einfach eine Etage höher, in die Wohnung seiner neuen Freundin, meiner Nachbarin. „Sie vögelt einfach besser als du!“, erklärte er schamlos, während er seine Siebensachen zusammenpackte. Die Möbel und sonstiges Inventar, das wir einst zusammen angeschafft hatten, während unserer Ehe, ließ er achtlos zurück. „Schenke ich dir alles!“, sagte er lasziv. Wenn es nicht so bitter gewesen wäre, hätte ich lachen können. Andere Frauen hätten meinen Mann vielleicht erschossen, wenn er ihnen mit dieser Nummer gekommen wäre. Ich versuchte tapfer, mir nichts anmerken zu lassen, und hoffte inständig, meinen Lebensweg unbeirrt weitergehen zu können. Ein Trauma hatte es allerdings hinterlassen. Tief in mir. Solche Dinge sorgen erst Jahre später für einen Zusammenbruch. In dem Moment, wenn die Welle über uns Menschen hereinbricht und wir unter ihr zu ertrinken glauben, steigt aus unserem Inneren eine mächtige Kraft empor, die uns hilft, das größte Übel zunächst ertragen zu können. Das Leben änderte sich für mich. Man sagt bekanntlich, wenn sich eine Tür schließt, öffnet sich eine andere. Manchmal verstecken sich dahinter ganz wunderbare Dinge, von denen man angenehm überrascht ist. Die neue Liebe, das neue Glück, manchmal auch ein Batzen Geld, und immer ist alles verbunden mit diesem einen Wort: „Veränderung!“ Man muss sie nur zulassen. Manchmal versteckt sich hinter dieser Tür aber auch die Hölle, von der du dir wünschst, du hättest sie niemals gesehen. Die meisten Menschen haben Angst, sich zu verändern und ihre Gewohnheiten aufzugeben. Mir ging es ähnlich. Der Therapeut, er schob mich wieder in die richtige Bahn. Ohne ihn wäre ich damals gnadenlos untergegangen. Das liegt nun schon fast siebzehn Jahre zurück. Meine Tochter wäre heute siebzehn Jahre alt. Ich denke oft an sie. Wie es wohl gewesen wäre, sie allein großzuziehen? Meine zweite Tochter Emma hätte eine große Schwester an ihrer Seite gehabt. Das wäre ganz wunderbar gewesen. Je länger ich über all das nachdenke, desto trauriger werde ich. Ich hätte zwei Kinder allein großgezogen …

Kapitel 3

Emma

Führe ich ein anstrengendes Leben? Ja! Aber es ist okay. Ich liebe das, was ich tue. Ich gehe ganz und gar mit meinem Herzen in meinem Dasein und meiner Arbeit auf. Neben meinem Haushalt, meinen drei Jobs, einem Bauernhof mit vielen Pferden und meinem Kind, das unterhalten und beschäftigt werden möchte, bin ich tief in meinem Herzen ein lebensbejahender Mensch. Natürlich rotiere ich hin und wieder sehr heftig zwischen Arbeits- und Privatleben. Anders wäre mein Aufgabenpensum gar nicht zu bewältigen. Ich bin oftmals innerlich angetrieben, rast- und ruhelos. Meine zeitlich geregelten, festen Jobs erledige ich nach genauem Zeitplan meiner Chefs. Leider habe ich oftmals Spätschichten, wodurch ich das Zusammenleben mit meinem Kind als eher unangenehm bezeichnen möchte. Wenn ich abends gegen 22 Uhr von der Arbeit nach Hause komme, liegt meine Tochter Emma bereits im Bett. Manchmal begegnen wir uns nur flüchtig. Morgens zum Frühstück. Wenn ich jedoch zuhause arbeite, bin ich mein eigener Chef und kann mir meine Zeit frei einteilen. Dann bleibt für Emma mehr Zeit übrig. Allerdings bin ich auf das Geld angewiesen, das ich im Discounter verdiene. „Warum arbeitest du nicht nur noch von zuhause aus?“, fragte mich Emma eines Tages. „Du bist berühmt! Du musst doch gar nicht mehr an der Kasse sitzen und die Kunden im Einkaufscenter bedienen, Mama!“, klugscheißte Emma. Mit ihren zwölf Jahren war sie mittlerweile recht frech und vorwitzig geworden. Sie hatte einen rasanten Sprung gemacht hinsichtlich ihres Ausdrucks und der Wortwahl. Ich glaube, ich hatte einiges verpasst während ihrer Entwicklung, oder nicht mitbekommen. Es war nicht immer so mit Emma, dass ich sagen könnte, dass sie ein aufgewecktes Kind wäre. Sie litt in jungen Kindheitsjahren unter Entwicklungsverzögerungen. Egal wie oft ich ihr erklärte, dass die Banane gelb ist, in ihren Augen war sie blau. Oder grün. Emma litt unter einer Gedächtnisschwäche. Sie konnte sich nichts merken. Geistig hing sie anderen Kindern deutlich hinterher.„Warum bin ich berühmt?“ Ratlos schüttelte ich den Kopf und zog die Schultern hoch. „Deine Bücher, sie werden gelesen, und in der Schule erzählt man bereits von dir!“ Emma kaute sichtlich gelangweilt auf ihren Fingernägeln herum und schob sich die Spitze einer Sicherheitsnadel in eine der Hautschichten ihrer Handinnenfläche. Sie machte auf mich einen nervösen und verstörten Eindruck. Aufmerksam betrachtete ich mein Kind genauer. Ihre Füße hatte Emma über Kreuz geschlagen und wippte mit ihnen einen unruhigen Takt, aus dem ich zu erraten versuchte, um welchen Musiksong es sich handelte. Einer, der ihr vielleicht als Ohrwurm im Sinn herumgeisterte, während ich versuchte, ein wichtiges Gespräch mit ihr zu führen. Ich erriet ihn nicht, ärgerte mich aber stattdessen über Emmas Gleichgültigkeit. „Emma! Das Bücherschreiben ist ein Hobby von mir! Es befreit meinen Kopf und lässt meine Seele wieder atmen, wenn ich besonders viel Stress habe. Das macht mich weder berühmt noch reich“, rechtfertigte ich mein zeitaufwendiges Hobby. Meistens saß ich spät in der Nacht oder bis früh am Morgen in der Küche und schrieb die Geschichten nieder, die mich beschäftigten. Manchmal schrieb ich auch die Lebensgeschichten fremder Menschen an meinem Laptop nieder. Nein, ich war nicht berühmt. Eigentlich war ich bescheuert, dass ich den ganzen Aufwand auf mich nahm, wo ich doch sowieso schon so viel um die Ohren und kaum Zeit hatte. Manchmal schien draußen die Sonne vom blauen Himmel, und ich verbarrikadierte mich in meinem Zimmer vor meinem Schreibtisch und versank tief in die Zeilen meiner Worte und Gedanken, für die ich wenige Wochen später, wenn ich Pech hatte, wieder enormen Ärger in Kauf nehmen musste. Diese grässlichen Neider, Hater und wütenden Rezensenten, die überall unterwegs waren und auf mich lauerten, stürzten sich wie Piranhas auf mich und meine Geschichten, wenn ich mit ihnen an die Öffentlichkeit ging. Blutrünstige Bestien waren am Werk. Menschen, die überall ihren Frust ablassen mussten. Sie suchten sich harmlose, unbekannte Autoren, die voller Stolz ihre Werke präsentierten, und machten ihnen in Sekundenschnelle einen gelebten Traum zunichte. Während ich in die Tasten meines Laptops haute, hielt ich immer mal wieder inne und träumte mich zwischendurch fort aus meinem Leben. In meinen Träumen fuhr ich ans Meer, legte mich in den warmen Sand und lauschte dem Wellengang des Ozeans, blickte in die Weite des Meeres und befreite mich von all meinem Seelenübel. Der Wind zwirbelte sanft meine Haare durcheinander und blies mir den feinen Sandstaub ins Gesicht. Die Möwen kreischten über meinem Haupt. Das war Freiheit pur. Meistens war ich allein, wenn ich mich in meinen Träumen sachte hinein ins Niemandsland bewegte. Es konnte gut passieren, dass ich wenige Tage später meine Tasche packte und tatsächlich ans Meer fuhr. Aus tiefster Sehnsucht, weil ich mich nach Freiheit und Meeresrauschen sehnte. Mitsamt meinen Hunden und meiner Tochter Emma auf der Rückbank unseres Autos verstaut, ging es morgens gegen 4 Uhr los. Auf nach Holland! Gegen 9 Uhr Frühstück am Strand, und gegen Mittag lag ich in der Sonne und bräunte mich am Meer. Welch ein Luxus! Ihn konnte ich mir nur erlauben, weil ich für das Geld, das dieser Luxus kostete, hart arbeitete. Oftmals war mein Freund Klaus mit von der Partie, wenn wir nach Holland fuhren. Wir verabredeten uns spontan, und niemals hätte er Nein gesagt, mit uns ans Meer zu fahren. Wenn wir kurzfristig entschieden, zu fahren, weil das Wetter gut war und ich zufällig ein freies Wochenende hatte, dann tat ich es, weil ich glaubte, wir mussten uns unbedingt einmal wieder ein wenig Glitzer ins Leben streuen. Wir hatten es beide bitter nötig. Das Glück schmecken, von ihm kosten, und uns über die wunderbaren Geschenke des Lebens zu freuen, welche es für uns bereithielt. Freiheit, Sonne, Strand und das Meer! Diese einfachen Dinge ließen mein Herz Freudensprünge vollführen. Ungezwungen am Strand sitzen zu dürfen, frei von Arbeit und Termindruck zu sein, das war Balsam für meine Seele. Meine Tochter und die Hunde erfreuten sich stets an meiner Idee, eine kurze Auszeit über das Wochenende am Meer zu nehmen. Ausgelassen tollten sie über die Weiten des Strandes, und Emma lachte glücklich, wenn sie in die an den Strand auslaufenden Wellen galoppierte wie ein junges, wildes Pferd, das sich des Lebens freute. Die Hunde bellten aufgebracht, während ich zufrieden im Sand lag und mich in der Sonne räkelte. Das Leben in all seiner Vielfalt einatmete und genoss. Dass mein Freund sich weniger an den schönen Dingen des Lebens erfreute, weil er schwer krank war, nahm ich zunächst nicht wirklich wahr. Einige Dinge an ihm erschienen mir von Anfang an sehr merkwürdig, aber ich glaubte, jeder Mensch hätte seine Eigenarten und es sei okay, dass er sich ab und zu verhaltensauffällig benahm. Wie schwerwiegend dieses Anderssein mein und sein Leben bald bestimmen und verändern würde, ahnte ich nicht. Ich war für vieles so blind geworden in meinem Leben. Ich glaube, es lag daran, dass ich all das Schlechte in meinem Leben verdrängte, es nicht mehr zuließ, weil ich mich unter größtem Kraftaufwand von Emmas Vater befreit hatte und mit Eifer daran arbeitete, ein glücklicher Mensch zu sein. Meine Vergangenheit, die hinter mir lag, sie war so düster. Ungern dachte ich an all den Horror zurück, der jahrelang mein Begleiter gewesen war. Es gelang mir mittlerweile sehr gut, glücklich zu sein. Für mich glich mein neues Leben ohne den Vater von Emma einem Schlaraffenland. Mein selbstgeschaffenes Wonderland. Endlich frei zu sein von Demütigungen, Hass und Missbrauch, es war unbeschreiblich und wunderbar. Dass es mir gelungen war, mich von diesem kranken Arsch**** zu befreien, glich einem Wunder. Ich lebte meine Befreiung in vollen Zügen und kostete sie bis zum letzten Atemzug aus. Jahrelang war ich seine Sklavin gewesen, ohne Aussicht auf ein Happy End. Es doch noch erleben zu dürfen formte mich zu einem völlig anderen Menschen. Glücklich über kleine Dinge war ich. Manchmal erfreute ich mich allein an der Tatsache, dass die Sonne schien, nachdem ich morgens das Fenster öffnete. Leider vergaß ich jedoch in meiner neugewonnenen Freiheit und meinem eigenen Wonderland so einiges. Mein Kind! Fragte ich mich als Emmas Mutter zwischendurch, ob Emma glücklich war? Nein. Das tat ich nicht, weil ich davon ausging, dass sie es war. Während ich arbeitete und arbeitete, damit wir uns immer mal wieder zwischendurch diese Ausflüge ans Meer leisten konnten und wir zusammen essen gingen, popcornschmatzend im Kino saßen und vieles außerhalb der Reihe unternahmen, wofür uns eigentlich das Geld gefehlt hätte, wenn ich nicht tage- und nächtelang arbeiten gegangen wäre, glaubte ich in der Tat, alles richtig zu machen in der Erziehung meines Kindes. Emmas wirkliche Bedürfnisse nach Liebe und Zärtlichkeit nahm ich nicht wahr, weil ich fest davon überzeugt war, das Richtige zu tun in der Erziehung meines Kindes und dass es Emma an nichts fehlte. Dass ich oftmals für Emma gar nicht ansprechbar war, weil ich zuhause mit tausend anderen Dingen um mich herum beschäftigt war, mit all den Tieren und meiner Arbeit, in der ich versank, oder gar nicht anwesend war, wenn Emma aus der Schule kam, weil mein Chef mich seit mehreren Wochen zur Spätschicht einteilte, sah ich nicht unbedingt als ein Problem. Dass das Herz meines Kindes durch die Trennung von ihrem Vater schwer verletzt war, registrierte ich nicht. Ihr Herz war ebenso verwundet wie meins. Ihres aus anderen Gründen. Emma liebte ihren Vater, während ich ihn hasste. Für sie war es ein bitterer Verlust, ihn nicht mehr täglich an ihrer Seite zu wissen und ihn verloren zu haben. Für mich saß der Schmerz meiner vergangenen Pein sehr tief. In meinem Herzen. Wir waren im Grunde genommen beide schwer traumatisiert und von dieser elendigen Beziehung gezeichnet. Kurzweilig dachte ich zwischendurch immer mal wieder darüber nach und fragte mich, ob Emma wohl psychischen Schaden genommen hatte. Unmittelbar wurde sie notgedrungen zum stillen Zeugen meiner verkorksten Beziehung zu ihrem gewalttätigen Vater. Wenn wir stritten, erlebte sie all das Furchtbare und Widerliche hautnah mit. Während wir am Strand herumtollten, beobachtete ich Emma aufmerksam. Sie war ständig in Bewegung, konnte sich nicht ein einziges Mal hinsetzen und einfach die Ruhe genießen. Wenn ich mit ihr sprach, schien es mir manchmal, als könnte sie sich nicht konzentrieren. Sie wich mir aus. Wir fanden nicht zueinander. Oftmals überlegte ich, über welche Dinge wir miteinander reden könnten. Meistens reagierte Emma abgeneigt, wenn ich sie fragte, ob ihr meine Themen angenehm seien, über die ich mit ihr reden wollte. Am liebsten redete ich über Pferde. Emma war nicht so pferdebegeistert wie ich. Ihr Herz schlug mehr für … ja, für was schlug ihr kindliches Herz eigentlich? *Du kennst so verdammt wenig von deinem Kind, Julia!* Mein Kind besaß viele Dinge in seinem Leben, von denen andere Kinder nur träumen konnten. Ein eigenes Pferd, einen Hund, mehrere Katzen, ein Paradies von einem riesengroßen Haus und Stallgebäuden, in denen es sich mit den Freundinnen so wunderbar spielen ließ, und vieles mehr. Was hätte ich als Kind dafür gegeben, ein eigenes Pferd zu besitzen und auf einem Pferdehof, in einem Paradies, zu wohnen? Einen Hund, den besten Freund des Menschen, an meiner Seite zu haben, einen großen Garten, in dem ich spielen konnte mit all meinen Tieren und meinen Freunden? Welch herrlicher Gedanke. Das Leben, das ich im Erwachsenenalter lebte, glich einem Schlaraffenland. Einer Traumwelt. Mir war das bewusst, und ich glaubte, meine Tochter würde ebenfalls so denken und es genießen. Der Hof gehörte uns, aus einer Erbschaft war es möglich geworden, den Hof zu kaufen. Emma und ich waren beide rechtmäßige Besitzer unseres Zuhauses. Wir hätten niemals zu befürchten gehabt, unser Heim zu verlieren, weil der Besitzer vielleicht irgendwann Eigenansprüche oder Ähnliches angemeldet oder den Hof verkauft hätte. Dass Emma im Herzen zusehends unglücklicher wurde, wäre mir niemals in den Sinn gekommen. „Mama, gehen wir mal zum Schwimmen?“ Emma äußerte mehrere Male dieses Bedürfnis, mit mir ins Schwimmbad zu gehen. „Reicht das nicht, wenn wir dreimal im Jahr an den Strand fahren und du dort im Meer schwimmen kannst?“, entgegnete ich genervt. Ich war nicht so der Schwimmbadtyp. Es bereitete mir keinen Spaß. Warum sollte ich etwas tun, was mir keine Freude schenkte? Nur um meinem Kind einen Gefallen zu tun? „Kannst du nicht mit deinen Freunden ins Schwimmbad gehen?“, trotzte ich der Bitte meiner Tochter und erlag der Versuchung, mich aus dieser leidvollen Angelegenheit wieder einmal wunderbar herauszureden und ihre Bitte abzuschlagen. Im Herausreden und mit Ausreden war ich stets gut bewaffnet. Leider … Heute bereue ich das zutiefst, kann die verlorene Zeit jedoch nicht mehr rückgängig machen. Ich merkte nicht, wie alles langsam, aber sicher um mich herum entglitt. Eine meiner großen Schwächen ist es, einige schwerwiegende Themen generell zu verharmlosen. Manchmal kann das im Leben durchaus von Vorteil sein. An einigen anderen Stellen wird es zum Verhängnis. Nicht zuhören, das konnte ich ebenfalls besonders gut. Ich machte daraus kein Geheimnis. Wenn mir jemand sagte „Hey Julia, du hörst doch gar nicht zu!“ nickte ich brav und wohlwollend mit dem Kopf und antwortete lapidar: „Stimmt!“ Gut, manche Dinge nervten mich tatsächlich, und warum sollte ich lügen? Wenn ich keine Lust hatte, zuzuhören, dann sagte ich das – und fertig. Dass man als Mutter seinem Kind immer zuhören muss, das war mir nicht wirklich bewusst. War es mir egal? War es mir egal, die Bedürfnisse meines Kindes zu übergehen? Ich glaube, wenn ich ehrlich bin, ja. An der Stelle war ich eine sehr oberflächliche Mutter. Zu oft waren mir die Wünsche meines Kindes egal, weil ich glaubte, sowieso alles richtig zu machen, während ich unbemerkt alles falsch machte.

Kapitel 4

Klaus

Nicht nur mit meinem Kind machte ich alles falsch … Auch mit meinem Freund Klaus driftete ich in die total verkehrte Richtung. Schlimmer ging immer. Denn auch für meine eigene Person regelte ich die Dinge nicht immer korrekt. Zu selten dachte ich an mich selbst und vergaß, mir eine Auszeit zu nehmen, um die Seele aufzutanken. Zwar fuhr ich zwischendurch ans Meer, aber das kam vielleicht dreimal im Jahr vor. Ich hätte auch in der Woche mal eine Auszeit gebraucht, um mich von der Arbeit erholen zu können. Ich wollte es all den anderen Menschen in meinem näheren Umfeld immer gern recht machen. Auf Biegen und Brechen. Damit setzte ich mich einem enorm großen Druck aus, und dieser übertrug sich unweigerlich auf Emma. Weil ich den Anforderungen, die ich mir selbst stellte, nicht mehr gerecht wurde, verletzte ich mit scharfen Worten mein Kind. Fuhr es an, keifte es an, schimpfte mit Emma, und wir gerieten in heftige Streitigkeiten. Natürlich tat mir das später leid, aber ich entschuldigte mich nicht bei ihr. In meinen Augen hatte ich die Hosen an bei uns zuhause, und jeder musste auf mein Kommando hören. Die Tiere, mein Freund und mein Kind. Ich wollte doch niemandem von ihnen etwas Böses, ich wollte einfach nur alle in die richtigen Bahnen lenken, weil ich glaubte, dass sie dazu allein gar nicht fähig waren. Die Selbstständigkeit fehlte ihnen komplett. Emma war zu jung, und Klaus war zu depressiv. Meine Tiere waren auf meine Willkür und mein Kommando ja auch angewiesen, und sie schienen mit meinem Reglement durchaus zufrieden zu sein. Glückliche und ausgeglichene Tiere waren das Ergebnis. Warum ich weiß, dass meine Tiere unter meiner Regie glücklich waren? Sie brachten hervorragende Leistungen. Die Pferde am Hof arbeiteten als Sportpferde grandios, und man fand sie in den Erfolgslisten mit ihren Reitern stets auf den ersten Rängen. Mit meinem Freund und meinem Kind war das nicht so einfach, beide an erfolgreiche Positionen in ihrem Leben zu pushen. Obwohl ich es probierte. Wie besessen ich davon war, meinem Freund einen Job zu verpassen! Ich zermarterte mir den Schädel, wie und wo ich ihn arbeitstechnisch unterbringen konnte, damit er finanziell endlich abgesichert war. Mit Engelszungen redete ich auf ihn ein, sich um die Stellenanzeigen aus der Zeitung zu bemühen, die ich für ihn an Land fischte. Einige lukrative Angebote waren durchaus dabei. Klaus war kein einfacher Mensch, das wusste ich von Anfang an. Dass ich mir eine äußerst schwierige Aufgabe zugemutet hatte, mit ihm eine Beziehung einzugehen und ihn obendrein noch in die Arbeitswelt zu vermitteln, war mir ebenfalls klar. Klaus war von Beruf gelernter Erzieher und Sozialarbeiter. Eigentlich war er ausgestattet mit zwei supertollen Berufen und einer gehörigen Portion Selbstbewusstsein. Ein abgeschlossenes Studium rundete sein Gesamtpaket ansehnlich ab, und die schulische Laufbahn war von ihm hervorragend absolviert worden. Lückenlose Zeugnisse und ein für meine Verhältnisse beneidenswerter Lebenslauf setzten ihm in der Arbeitswelt die Krone auf. Daneben schrieb er Bücher und gründete vor einigen Jahren eine Literaturgruppe in seinem Ort, an dem er ansässig war, die von vielen Mitgliedern gut angenommen wurde. Sportlich war er ebenfalls durchtrainiert, es mangelte ihm weder an Kondition noch an Unbeweglichkeit. Anhand dieser Tatsachen glaubte Klaus, dass er auf dem Arbeitsmarkt ein begehrter Mensch sei und ihm alle Türen und Tore offenstanden. Man würde sich nach ihm die Finger lecken, und sein Stundenlohn müsse mindestens zwölf Euro betragen, glaubte er. Klaus dachte wirklich allen Ernstes, die

Arbeitgeber warteten nur darauf, dass er eine Bewerbung an ihr Unternehmen schrieb, um alsbald für sie tätig zu werden. Sein Selbstbewusstsein strotzte selbstverherrlichend und glänzte golden im Sonnenlicht. Klaus kassierte eine Absage nach der anderen und fragte sich und mich nach dem Warum. Ich kannte die Antwort. Viel zu lange war Klaus aus der Arbeitswelt seines Tätigkeitsfeldes heraus verschwunden. Außerdem, wer psychologisch ein wenig geschult war, erkannte in Klaus, dass er nervlich angeschlagen und nicht belastbar war. Klaus war frühberentet. Aufgrund psychischer Probleme. Diese lagen zwar lange Zeit zurück, knabberten aber weiter fröhlich und munter an seiner Seele herum. Ihren Ursprung fand man in Klaus' Kindheit. Sein Vater hatte ihn sexuell missbraucht. In der Familie herrschten jahrelang Gewalt und emotionaler Missbrauch. Liebe und Zuneigung waren in der Familie laut seinen Aussagen Fremdwörter. Bruchstückhaft erzählte er mir aus seiner Vergangenheit. Immer mal wieder. Wir näherten uns dem anderen nur langsam. Vertrauen muss wachsen, und wir ließen uns Zeit. Im Ganzen wollte Klaus jedoch nicht wirklich mit der Sprache herausrücken, was in der Familie vorgefallen war. Niemals drängte ich ihn, mir Dinge zu erzählen, über die er lieber schweigen wollte. Nach und nach öffnete er sich bereitwillig, und es tat ihm sichtlich gut, dass es jemanden gab, der ihn und sein Leiden ernst nahm. Freunde waren in Klaus' Umfeld rar gesät, und ich wunderte mich zunächst über diese Tatsache. Wie konnte ein Mensch keine Freunde haben?

Die Literaturgruppe ging auch irgendwann den Bach runter, und an der Schreiberei verlor Klaus das Interesse. Wahrscheinlich lag das an seiner merkwürdigen Art, wie er mit Menschen umging. Klaus war von der Erscheinung seiner Person hinsichtlich der Wirkung auf andere Menschen mehr als überzeugt. Er trat dir gegenüber wie ein Heiliger, dem du alles abgekauft hättest. So etwas in der Art wie die Zeugen Jehovas im Rambo-Outfit verkörperte Klaus. Im Grunde genommen war Klaus ein armes Schwein. Als ich ihn kennenlernte, hatte er weder Zähne im Mund noch Anziehsachen im Kleiderschrank. Ich hinterfragte die Dinge nicht. Während die Zeit voranschritt und wir uns einander behutsam näherten, ging ich wie selbstverständlich mit ihm los und kaufte ihm etwas zum Anziehen. Der Einstieg in eine Beziehung mit Klaus passierte zufällig. Niemals wieder hatte ich einen Mann an meiner Seite dulden wollen. Niemals sollte ein männliches Wesen in meinem Leben eine Rolle spielen. Emma und ich hatten einen Schwur geleistet. Nie wieder einem Mann in unserem Leben Einlass gewähren! Aus der anfänglichen Freundschaft zu Klaus, wir hatten uns zufällig über einen Internetchat kennengelernt, wurde später Liebe. Die Liebe kommt dann, wenn du nicht nach ihr suchst, und so war es. Zum Zahnarzt schleppte ich ihn, und er bekam neue Zähne verpasst. Im Grunde genommen strukturierte ich aus Klaus einen völlig neuen Menschen. Eigentlich tat es ihm gut. Dankbarkeit erhielt ich von ihm jedoch keine. Er sagte nicht „Danke Julia! Vielen Dank, dass du 250 Euro im Modeladen für mich gelassen hast und ich jetzt aussehe wie ein toller Hecht, der auf Frauenfang gehen kann, oder wie ein Model aus der Karl-Lagerfeld-Kollektion!“. Nein, diese Dinge kamen nicht über seine Lippen. Es kam mir komisch vor, dass er in gewissen Dingen emotional beinahe gefühlstot war. Jedoch hinterfragte ich diese Verhaltensauffälligkeiten zunächst nicht. Klaus' beständige Jammerei seines finanziellen Engpasses kostete mich wahnsinnig viele Nerven. Eine Arbeit musste in meinen Augen her, um das leidige Problem zu lösen. Mir gelang es, eine Frau zu überzeugen, dass Klaus der richtige Mann für sie sei, hinsichtlich ihres in der Zeitung ausgeschriebenen Stellenjobs. Eine junge Frau suchte jemanden, der ihren kleinen Sohn hin- und herfuhr, während sie zur Arbeit ging. Derjenige sollte sich ebenfalls mit ihrem Kind beschäftigen, wenn sie beruflich verhindert war. Vielleicht sollte diese Person auch ab und zu mal den Hund des Hauses ausführen, mehr verlangte sie nicht, und ich fand das Jobangebot klasse. Das war genau die Rolle, die zu Klaus passen würde. Davon war ich überzeugt. Mit Engelszungen redete ich auf die Frau ein, Klaus eine Chance zu geben. Sie willigte schließlich ein, und wir verabredeten, dass Klaus sich in einem persönlichen Gespräch bei ihr vorstellen sollte. Klaus hätte sich nicht viel anstrengen müssen, um den Job zu bekommen. Die Arbeit wurde gut bezahlt, und endlich würde er sich finanziell besserstellen. Innerlich triumphierte ich bereits über meinen Erfolg, Klaus ein Stück Lebensqualität wiedergeben zu können, die er längst verloren hatte. Meine Freude war groß, jedoch einseitig. Klaus fand das Angebot weniger gut, grummelte aber, dass er sich mit der Dame notgedrungen in Verbindung setzen würde, weil ich nun einmal einen Termin ausgemacht hätte. Ich war enttäuscht. Ich hatte doch tatsächlich geglaubt, Klaus wäre mir vor Freude um den Hals gefallen. Das Stellenangebot war doch wunderbar. Wenn ich nicht schon drei Jobs gehabt hätte, hätte ich die Stelle sofort angenommen. Nein, Klaus freute sich nicht. Im Gegenteil. Er rief mich einige Tage später an und sagte melancholisch, es wäre nichts daraus geworden aus dem Stellenangebot. Da hätten sich wohl schon andere Interessierte gemeldet und den Zuschlag erhalten. Irgendwie konnte ich das nicht so recht glauben, und mein Bauchgefühl signalisierte, dass ich einmal nachhaken und die Frau anrufen sollte. Die nette Dame erklärte mir am Telefon freundlich: „Ich glaube, Ihr Freund hat keine rechte Lust auf arbeiten! Er war doch sehr ungehalten, unmotiviert und schien mir insgesamt sehr träge, desinteressiert und lustlos. Ich denke, es macht keinen Sinn, ihm ein kleines Kind aufs Auge zu drücken! Er scheint mir außerdem nicht in der Verfassung zu sein, sich der Verantwortung eines Jobs zu stellen. Sucht er eigentlich tatsächlich Arbeit? Er macht mir ehrlich gesagt nicht den Eindruck, als hätte er es nötig, zu arbeiten!“ Puh, nach dem Telefongespräch war ich aber platt. Na ja, ich kannte Klaus und seine lethargischen Ausfälle. Seine Unbeweglichkeit, die er

Ohnmacht nannte. In Euphorie brach er niemals aus, und sich wirklich über etwas freuen konnte er auch nur eingeschränkt. Damals dachte ich, dass brächte seine Person als Charaktereigenschaft mit sich. Heute weiß ich, wie schwer depressiv und krank dieser Mensch ist und war. Jedenfalls misslang mein Versuch, Klaus in die Arbeitswelt zu integrieren. Nach einigen weiteren gescheiterten Versuchen gab ich es auf. Klaus versuchte es schließlich im Alleingang, weil er glaubte, er könnte besser entscheiden, welcher Job zu ihm passen würde und welcher nicht. Auch seine Versuche schlugen fehl. Angeblich hätte er etwas in Aussicht, schwindelte er. Mit diesen Worten hielt er uns beide bei Laune. Dann sollte er tatsächlich eine Art Praktikum absolvieren, in einer Einrichtung, an deren Aufgabe er sichtlich Freude fand, und nachdem er es getan hatte, hörte er von den Leuten, die ihm eigentlich einen Arbeitsvertrag geben wollten, nie wieder etwas. Verwunderlich fand ich das. Weil Klaus immer noch jammerte, er habe kein Geld und das Wasser stünde ihm bis zum Hals, erklärte ich mich notgedrungen bereit, ihm mit einer größeren Finanzspritze auszuhelfen. Das munterte ihn ein wenig auf. Wir telefonierten zuvor. Klaus war niedergeschlagen seine Stimme beschlagen, und er sagte kaum etwas, druckste herum. Nachdem ich ihm mitteilte, dass ich ein paar hundert Euro lockergemacht hätte, radelte er gutgelaunt mit seinem Fahrrad zur Sparkasse, in dem Wissen, dass es die wundersame Geldvermehrung auf seinem Konto gegeben hatte. Klaus fuhr ständig mit dem

Fahrrad durch die Gegend. Ein Auto konnte er sich nicht leisten. Den Führerschein besaß er zwar, aber die Garage stand leer. Autofahren war nicht unbedingt eine seiner Stärken. Panikattacken auf der Autobahn, insbesondere, wenn er einen LKW überholen musste, waren die Folge von seiner permanenten Anspannung und den inneren Ängsten. Ängsten, überleben zu können und zu müssen. Auf welch dünnem Eis ich mich zu einer Beziehung mit Klaus befand, bemerkte ich zunächst nicht. Ich lief völlig blind durch die Gegend. Seine etwaige Zufriedenheit über meinen gesponserten Geldsegen erheiterte mich zunächst, und ich atmete durch. Wenn Klaus glücklich war, war ich es auch. Ich liebte diesen Menschen, und ich wollte nur das Beste für ihn. Dass ich mir Klaus finanziell dauerhaft gar nicht leisten konnte, verstand ich nicht, und wollte ich auch nicht einsehen. Während mein Freundeskreis um mich herum die Tragödie, die sich anbahnte, sehr wohl wahrnahm, tat ich einen auf ahnungslos. Meine Freunde sprachen beherzt und völlig rücksichtslos über die aussichtslose Situation, in der sich Klaus befand. Natürlich hatte ich ihnen von meinem neuen Freund erzählt und ihnen über Klaus die Wahrheit gesagt. Dass Klaus mittellos war, ich ihn aber sehr lieb hatte, was eindeutig der Tatsache entsprach. „Der will doch nur dein Geld, Julia! Merkst du das denn gar nicht?" Meine Freundin und ich hatten uns zum Kaffeetrinken verabredet. Ich stocherte lustlos in dem Tortenstück herum, weil ich derartige Gespräche nicht mochte. Die Wahrheit tat bekanntlich immer weh, und

Verletzungen lagen genügend hinter mir. „Was sagt Emma denn zu Klaus?“, bohrte Silke unbeirrt weiter, ohne Rücksicht darauf zu nehmen, dass ich unter dem Gespräch unheimlich litt, weil sie mit ihrer Fragerei alte Wunden in mir aufriss. „Sie mag ihn nicht wirklich! Sie akzeptiert ihn, aber sie sagt mir, ich solle mich von ihm trennen, weil er mich nur ausnutzt.“ „Recht hat sie, die Kleine, Julia! Du weißt doch selbst, dass ein Mann, der deutlich nach Geld fragt und verlangt, alles andere als Liebe im Sinn hat, oder? Du willst mir doch nicht allen Ernstes erklären, es wäre dir nicht bewusst, was Klaus bezweckt? Die Nummer kaufe ich dir nicht ab!“ Silke war gnadenlos in ihren Ausführungen. Aufgeregt kippte sie sich ihren Kaffee in den Hals und rauchte eine Zigarette nach der anderen. Sie schien es mehr zu belasten, dass Klaus mich, ihre beste Freundin, finanziell ausnutzte, als mich. Das Rauchen hatte ich längst aufgegeben, jedoch überlegte ich für einen kleinen Moment, Silke um einen ihrer Glimmstängel zu bitten. Ich verkniff es mir. Silke machte mich nervös. Nein, keine Zigarette! Ich wollte nicht sterben, ich wollte leben, und vom Rauchen würde ich früher oder später sterben oder schwer erkranken. „Du hörst mir gar nicht zu, oder?“ Silke blies mir den Rauch ihrer Zigarette erbarmungslos mitten ins Gesicht. „Doch! Doch!“, widersetzte ich mich energisch ihren Anschuldigungen. Silke rief den Kellner zu sich und bestellte plötzlich einen alkoholischen Cocktailmix. Sie bemerkte meinen erstaunten Blick über ihre Anweisung an den Kellner, ihr am helllichten Tag einen Caipirinha zu bringen. „Wir haben 11 Uhr!“, rümpfte ich die Nase. „Schätzelein, dich kann man doch im Normalzustand gar nicht ertragen“, lachte sie. „Sieh mal, mit Ach und Krach hast du es geschafft, endlich einen Schlussstrich unter die fürchterliche Beziehung zu dem Vater deiner Tochter zu ziehen, und nun angelst du dir doch tatsächlich einen Heiratsschwindler!“ „Heiratsschwindler?“, fragte ich entsetzt, und am liebsten hätte ich mir einen doppelten Caipirinha bestellt. Der Kellner grinste Silke verführerisch an und hob eine Augenbraue, als er ihr das Getränk, mit einem Strohhalm verziert, an unseren Tisch servierte. „Nicht zu schnell trinken, da ist ordentlich Schuss drin!“, fachsimpelte er wie ein Lifecoach für Ernährungsberatung. Ich glaubte, der Typ war schwul. Er hatte etwas Mädchen- und Tuntenhaftes an sich. Was für widerliche Männer es doch gab. Ich dachte nach …

Klaus war ein toller Mann. Liebevoll, ehrlich, zärtlich, großgewachsen, und er war ein guter Zuhörer. Eigentlich war er das Rundum-sorglos-Paket für eine Frau, wenn da nicht immer seine ewigen finanziellen Engpässe gewesen wären. Nein, Klaus war kein Heiratsschwindler. „Silke! Ich liebe Klaus! Er ist kein Heiratsschwindler! Er hat keinen Cent in der Tasche, aber deshalb ist er doch nicht gleich kriminell!“ „Hattet ihr nicht ein Abkommen getroffen? Du und Emma? Dass ihr nie wieder einen Mann in eurem Leben haben wolltet? Hattest du es Emma nicht versprochen, Julia? Hat die Kleine nicht lange genug gelitten unter dem Martyrium, das ihr beide hinter euch habt?“ Silke blickte verstört aus der Wäsche, während ich mich für Klaus und seine Geldnot rechtfertigte. Gedankenverloren blickte sie auf ihr Handy und wurde plötzlich wütend. Kopfschüttelnd und wie ein wilder Stier, der einen Angriff auf den Torero plante, schnaubte sie: „Ich hasse es, wenn Leute Bilder bei Facebook posten, dass sie sich ein neues Auto gekauft haben!“ Gespräche unter Frauen. Nicht immer das Gelbe vom Ei, und in unserem Fall kamen wir scheinbar nicht weiter. Das liebe Geld … Es spielt beständig eine Rolle im Leben der Menschen. Geld ruft Neid und Missgunst hervor. Mich machte Geld nicht glücklich. Ich verstand nicht, dass Klaus so sehr darunter litt, kein Geld zu haben. Während ich noch an dem Wort Heiratsschwindler hing, kreisten Silkes Gedanken anscheinend um ganz andere Dinge. Klaus konnte bei Silke nicht punkten. Ich jedoch hielt weiterhin zu ihm. Und zwar eisern. Überall hätte ich ihn verteidigt. Vor meinen Freunden, vor meinen Eltern, vor meinem Kind, vor der Kirche und dem Papst, wenn es nötig gewesen wäre.

Kapitel 5

Ängste

Sexgeruch umhüllte das Zimmer. Die Luftfeuchtigkeit legte sich bedrückend auf meine Atemwege. Das Fenster!

Das Fenster muss aufgemacht werden! „Gleich!“, sprach Klaus beruhigend und neigte seinen Kopf sanft zu meinen freiliegenden Brüsten. Langsam begann er, sie mit seinem Mund liebevoll zu bearbeiten. Er tat dies so zärtlich und wundervoll, dass ich für ihn erstickt wäre, weil ich nicht mehr atmen konnte. Ich glaubte tatsächlich zu ersticken, löste mich aber nicht aus seinen Berührungen, um das Fenster zu öffnen. Lieber wäre ich gestorben, als mich aus seinen Armen zu befreien. Klaus küsste mich hemmungslos. Überall. Sein Mund arbeitete sich von meinen Brüsten hinauf zu meinem Hals – und von dort aus wieder zu meinem Mund. Er steckte mir seine Zunge tief in den Rachen und stöhnte angeregt. „Du magst das doch, wenn ich dich vernasche, oder?“ Klaus raunte mir die Worte der Liebe so zärtlich in mein Ohr, dass ich dahinschmolz. Er griff mir zwischen die Beine und rieb meine Vagina. Klaus kannte meine intimsten Stellen genau, und er wusste sie so fantastisch zu bedienen. Wie schnell er mich jedes Mal zum Orgasmus brachte, das war nicht von dieser Welt. Einzigartig, wundervoll und magisch vereinigten wir unsere Körper miteinander. Während sich aus meiner Scheide die Flüssigkeit des Orgasmus ihren Weg ins Bettlaken bahnte und ich vor Freude hätte jauchzen können über diese leidenschaftlichen Gefühle, die Klaus aus dem Tiefsten meines Inneren hervorholte, riss er plötzlich die Bettdecke zur Seite und sprang aus dem Bett. „Ich brauche Geld, Julia! Sehr viel Geld! Gibst du es mir?“ Nach Luft rang ich, weil ich so erschrocken war über die plötzliche Sinneswandlung meines Liebhabers, der von dem zärtlichen Verführer aus heiterem Himmel zum geldgierigen Egoisten mutierte. „Luft! Ich brauche Luft! Das Fenster!“, japste ich. Dann wurde es dunkel um mich herum, und ich erlag dem Erstickungstod.

Kapitel 6

Träume

Ein Traum! Es war nur ein Traum! Ich wurde wach. Suchte aufgebracht nach dem Lichtschalter meiner Nachttischlampe. Tastete mit meiner Hand nervös ins Dunkle hinein. Ich fand ihn nicht gleich und wurde ungeduldig. Mein Herz klopfte ziemlich schnell, viel schneller als normal, und ich bekam Angst. In meinem eigenen Schlafzimmer fand ich mich plötzlich nicht mehr zurecht und geriet in Panik. Die Wasserflasche fiel vom Nachttischschrank. Der Traum hatte mich so sehr aufgewühlt, dass ich aus dem Schlaf heraus hyperventilierte. Mein Herzschlag … Er musste sich beruhigen. Unbedingt. An Situationen fühlte ich mich erinnert, als ich noch mit Emmas Vater zusammenwohnte. Oftmals in der Nacht schoss ich kerzengerade aus dem Bett, weil mein Herzschlag völlig aus dem Takt geraten war. In einigen Nächten brachte mich der Rettungswagen ins Krankenhaus. Wie bekam ich ihn wieder in den Griff, dass er in den Normalzustand gelangte, der Takt meines Herzens? Wo war der verdammte Lichtschalter? Mein Gott, ich würde vielleicht einen Herzinfarkt erleiden! Als ich endlich den Lichtschalter fand, saß ich senkrecht im Bett und hielt mir entsetzt die Hand an die Brust. Mein Herz raste wie verrückt. *Beruhige dich, Julia! Langsam ein- und ausatmen!* Nach einer Weile ging es mir etwas besser, und erleichtert ließ ich mich ins Bett zurückfallen. Welch ein Albtraum. Wollte Klaus tatsächlich nur mein Geld und erkaufte er sich meine Liebe? Gab er mir das, was ich wollte, nur damit ich ihm das gab, was er brauchte? Geld? Geld gegen Liebe? Ein schrecklicher Gedanke. Nein, das durfte alles nicht wahr sein. Klaus war kein Betrüger. Niemals. Ich hatte mich doch nicht in einen Kriminellen verliebt. Ich war wie eine Glucke. Ich musste immer alles und jeden unter Kontrolle haben. Vielleicht war es intuitiv, ein Gefühl, dass ich spürte, dass Klaus gar nicht in der Lage war, für sich selbst zu sorgen. Wobei mir der Gedanke erst recht spät in den Sinn kam. Da waren wir bereits seit zwei Jahren ein Paar. Anfänglich sah ich in Klaus den großen Welt- und Frauenversteher. Einen Mann glaubte ich in ihm erkannt zu haben, der genau wusste, wo es langging im Leben. Ein Mann, der mir seine Schulter reichte, wenn ich sie brauchte, um mich an ihr auszuheulen. In gewisser Weise wusste Klaus schon, wie das Leben funktionierte. Er verstand es zumindest sehr gut, mich um den Finger zu wickeln. Im Sexuellen war er all den anderen Männern, die ich jemals vor ihm getroffen hatte, um Welten voraus und eindeutig überlegen. Er befriedigte mich vom Allerfeinsten. Manchmal musste ich nur an seine Liebkosungen einen flüchtigen Gedanken verschwenden, und ich wurde im Intimbereich feucht. Seine Finger waren so zärtlich und weich. Liebkosten mich hingebungsvoll. Klar, es waren keine Arbeitshände, die meinen Körper in Wallung brachten, sondern vielmehr unverbrauchte Hartz-IV-Empfänger-Hände. Wobei man bei Hartz-IV-Empfängern oftmals an Bierdosen und Chipstüten denkt, die das Wohnzimmer schmücken, während der Fernseher den ganzen Tag lang dudelt und Gerichtsshows und Familien im Brennpunkt gezeigt werden. Von solcher Sorte Mann konnte ich so gar nichts gebrauchen. Klaus war keiner von ihnen. Klaus war gebildet, und er besaß Manieren. Sozialschmarotzer nannte mein Vater diese Art von Menschen, die den Staat schröpften, weil sie keine Lust zum Arbeiten hatten. „Jeder Mensch ist sehr wohl in der Lage, eine Arbeit zu finden, wenn er wirklich arbeiten will, Julia", klärte er mich auf. „Ja! Es sei denn, er ist krank!", berichtigte ich meinen Erzeuger energisch. Mein Vater war wütend auf Klaus. Dabei hatte ich ihm so stolz meinen neuen Freund vorgestellt und glaubte, dass sich beide Männer blendend verstehen würden. „Was wollen Sie von meiner Tochter?", fiel mein Vater gleich recht unfreundlich mit der Tür ins Haus, während wir bei Kaffee und Kuchen saßen. Emma war natürlich mit anwesend, und sie bekam derartige Gespräche brühwarm serviert. Dass Kindern solche Gesprächsthemen nicht guttun, sondern schaden, das war mir wohl bewusst, aber ich verhinderte es nicht. Ich grenzte mein Kind nicht aus den wichtigen Gesprächen aus, wie meine Eltern es mit mir früher getan hatten. Meine Eltern ließen sich scheiden, da war ich in Emmas Alter gewesen. Ich kann mich nicht erinnern, dass ich meine Mutter jemals mit meinem Vater hätte streiten hören. Entweder hatten sie niemals Streitgespräche geführt oder sie waren wunderbare Schauspieler, die sich dann zerfleischten, wenn ich tief und fest schlief und in meinem Bett lag. „Ich liebe Ihre Tochter!“, rechtfertigte sich Klaus recht zügig gegenüber meinem Vater. Mein Vater schüttelte ungläubig den Kopf. „Julia ist fünfzehn Jahre jünger als Sie! Was können Sie meiner Tochter denn bieten? Haben Sie Aktien? Immobilien? Oder Pferde? Meine Tochter fährt ja sehr auf die edlen Rösser ab!“ „Papa!“, drohte ich entsetzt. Jetzt ging er aber zu weit. Seine Ironie und sein Sarkasmus stanken zum Himmel. Eindeutig. Reumütig senkte er den Kopf. Ich glaubte, er würde sein Schwert zurückziehen, aber ich hatte seine Regung falsch gedeutet. Er holte erneut zum Schlag aus. Und dieses Mal mit all seiner Macht. „Es wäre glaube ich besser, wenn sich Klaus ein Zimmer mietet in der Gaststätte gegenüber für die beiden Tage, an denen ihr zu Besuch seid!“ Ich erschrak. Wie kam mein Vater auf diese absurde Idee, Klaus aus seinem Haus zu verbannen? Das Haus meines Vaters war geräumig genug, erstreckte sich über zwei Etagen, warum sollte Klaus nicht mit mir in dem Gästezimmer schlafen dürfen? Klaus erhob sich vom

Stuhl. „Das ist eine gute Idee! Ich räume schnell meine Sachen zusammen, und dann geh' ich mal rüber! Ich rufe dich an, Julia!“ Klaus strich mir im Vorbeigehen zärtlich über die Haare. Ich war sprachlos über diese angespannte Situation zwischen meinem Vater und meinem Freund. Mein Vater erklärte sich mir gegenüber, nachdem Klaus tatsächlich in der Pension ein Zimmer angemietet hatte. Zuerst wollte ich trotzig entgegnen, dass ich ebenfalls in der Pension nächtigen würde, aus Wut und Ärger über die Missgunst meines Vaters gegenüber Klaus. „Julia! Der Typ passt so gar nicht zu dir! Der will doch nur an dein Geld, merkst du das denn nicht?“ „Wie kommst du darauf, Papa?“ Entsetzt blickte ich ihn an. Mein eigener Vater schaffte es, mich völlig fassungslos zu machen. „Julia, das sieht ein Blinder mit dem Krückstock! Klaus kann dir nichts bieten! Warum sollte er dich lieben, außer weil es um dein Geld geht?“ „Muss ein Mann einer Frau denn immer etwas bieten können?“ Entsetzt verteidigte ich Klaus. Das Gespräch mit meinem Vater führte zu nichts, außer zu noch größeren Streitigkeiten unter uns. Deshalb versuchte ich ihn zu beschwichtigen und wechselte das Thema. Am liebsten hätte ich ihm die Meinung gesagt, aber ich verzichtete des lieben Friedens willen auf weitere Anschuldigungen seinerseits und Verteidigungen meinerseits.

Kapitel 7

Wenn Liebe blind macht

Klaus war ein überaus intelligenter Mann, von ihm konnte ich eine Menge lernen, was die Welt und ihre Geschichte betraf. Seine Weltanschauung und seine Auffassungsgabe für Geschichte, Erdkunde und zurückliegende Ereignisse auf allen Gebieten, die unter anderem die Entstehung des Menschen betrafen, waren gigantisch. In all diese Dinge, die Klaus verkörperte, verliebte ich mich. In sein Wissen. In seine Begabung, mir von Dingen zu erzählen, von denen ich niemals zuvor etwas gehört hatte. Ich hätte Klaus stundenlang zuhören können. Die Art, wie er redete. So sanft und ruhig. Niemals wurde er aufbrausend, laut oder schrie herum, so wie ich es von Markus, Emmas Vater, gewohnt war. Klaus wirkte wie ein beruhigendes Medikament auf mich, das mich in eine Art Trancezustand versetzte. Ich konnte es erstmals genießen, mich von einem Mann berühren zu lassen. Körperlich. Ein Gefühl, das mich dem Himmel sehr nahe brachte und zugleich glücklich machte. Warum wollte mir niemand mein Glück gönnen? Sollte ich zurückkehren zu Markus, mich von ihm vergewaltigen, misshandeln und schikanieren lassen? War es das, was ich in den Augen meiner Freunde und in denen meines Vaters brauchte? Bevormundung, Unterdrückung, Hass und Vorhaltungen? Ganz bestimmt nicht. Endlich zeigte sich mir das Leben einmal von seiner besten Seite, und gleich wurde ich zurechtgewiesen, dass Klaus nicht der Mann sei, von dem ich glaubte, was er zu sein schien. Durfte ich das nicht selbst entscheiden? Ich war doch alt genug. Von einem so wunderbaren Menschen wie Klaus glaubte man doch niemals, dass er nicht in der Lage sei, sein Leben vernünftig zu gestalten und sich nur eine Frau angelte, um sie finanziell zu melken und auszubeuten. Klaus forderte jedoch immer größere Geldbeträge von mir. Die Summen wurden gigantisch. Zunächst dachte ich mir nichts dabei. Er rief mich an. Total aufgelöst. Er weinte. „Ich weiß nicht mehr weiter!“, jammerte er. Wenn Menschen weinen, werde ich schwach. Tränen lügen nicht. „Wie viel Geld brauchst du?“ Nervös tippte ich auf meinem Handy herum. Den Lautsprecher hatte ich eingestellt, damit die Verbindung nicht abbrach, während ich im Gespräch mit Klaus multitaskingfähig im Internet surfte. *Ablenkung! Du musst dich ablenken, Julia! Wie viel Geld wird er von dir fordern? Kannst du ihm seinen Wunsch erfüllen? 500 Euro? 1 000 Euro? Bei 1 000 Euro wird es eng werden. So viel kannst du im Moment nicht lockermachen! Du brauchst das Geld für dich und Emma. Emma fährt bald auf Klassenfahrt. Du musst den Aufenthalt in der Jugendherberge bezahlen und ihr genügend Taschengeld mitgeben. Außerdem braucht sie noch ein paar neue Kleidungsstücke. Auf der Kleiderliste steht, dass das Kind eine Regenjacke mitnehmen muss und ein paar Gummistiefel.* Auf dem Bildschirm meines Handys scrollte ich auf Facebook herum. Klaus' Profil hatte ich aufgerufen. *Er sieht so gut aus, Julia! Endlich hast du einmal einen intelligenten und gutaussehenden Mann! Dass er immer Geld braucht, ist nicht schlimm. Du kannst es ihm ja geben. Stell dir vor, wenn du kein Geld hättest, dann wärst du auch froh, wenn dir dein Freund aushelfen würde! Dann würde ich arbeiten gehen! Wie jetzt? Ja! Ich würde niemals betteln! Ich würde arbeiten!* Meine innere Stimme war mit meinen Gedankengängen dieses Mal nicht einer Meinung. Ja, ich würde mir Arbeit suchen, wenn ich kein Geld hätte. Zuhause herumsitzen und nichts tun, das könnte ich mir obendrein gar nicht vorstellen. „6 000 Euro!", krachte es am anderen Ende der Leitung durch den Lautsprecher. In dem Moment wusste ich nicht, ob ich lachen oder weinen sollte. *Ich fasste mir an den Kopf. 6 000 Euro? Mein Gott, Julia! Weißt du, was du mit 6 000 Euro alles machen kannst? Woher willst du 6 000 Euro nehmen? Wofür braucht der Mensch 6 000 Euro? So viel Geld brauchst du ja nicht einmal für deinen Pferdehof! 6 000 Euro, davon träume ich auch. Geteilt durch zwei wäre das für mich immer noch ein unvorstellbarer, enorm großer Batzen Geld gewesen.* „Das tut mir leid! So viel Geld habe ich nicht!" Kleinlaut musste ich mir eingestehen, dass ich Klaus in seiner finanziellen Lage dieses Mal nicht annähernd helfen konnte. Klaus wurde aufgebrachter in der Stimme. Reagierte fahrig. Ungehalten. „Wie viel Geld hast du denn?", bohrte er ungeniert weiter. „Ich … ich weiß nicht", stammelte ich. Das Gespräch entglitt mir völlig. „Wie viel, Julia? Ich brauche wirklich deine Hilfe!

Bitte!“ Klaus schrie mich plötzlich durch den Hörer an. Das hatte er niemals zuvor getan, und mir wurde anders. Die Enttäuschung saß tief. „Ich kann dir im Moment vielleicht mit 250 Euro aushelfen.“ *250 Euro, Julia! Mensch, so viel Geld, das ist ein Viertel deines Monatsgehalts von der Knochenarbeit im Discounter. Du arbeitest und arbeitest, und der Typ frisst dein Geld, als sei er ein Pferd und fresse Geld wie Heu. Spinnst du?*
„Wie kann man sich bloß Pferde leisten und halten, wenn man kein Geld hat?“, dröhnte es aus der Leitung. Diese Frage versetzte mich in einen regelrechten Schockzustand, und ich unterbrach das Gespräch abrupt, indem ich auf den roten Hörer drückte. Ich schluckte. Warum tat Klaus mir das an? Der Mensch, den ich liebte? Waren denn 250 Euro kein Geld? Ich hatte Klaus niemals gebeten, mir mit Geld auszuhelfen. Meine Pferde und den Hof, mein Kind, alles finanzierte ich selbst. Ich bettelte weder bei meinen Eltern noch bei meinen Freunden um Geld. Wenn ich einen Monat finanziell eng war, dann musste ich eben zusehen, dass ich nicht über meine Verhältnisse lebte und mich mit dem Geringsten zufriedengab. Zutiefst enttäuscht war ich über das Verhalten von Klaus. Wenn er am nächsten Tag nicht angerufen und sich entschuldigt hätte, ich glaube, ich hätte eine wahrhaftige Chance gehabt, ihn endlich loszuwerden. Mit seiner aus heiterem Himmel so herzlosen und brutalen Art riss er mir eine große Wunde in mein Herz. Sie schmerzte mich sehr.
Das Leben ging weiter. Mit Klaus. Wohin der Weg uns

führen würde, war ungewiss. Er rief am nächsten Tag an und entschuldigte sich für sein gemeines Verhalten. Er hätte einen absoluten Engpass und würde dieses Mal richtig in der Klemme sitzen. Aus Frust hätte er an dem Abend einen getrunken und wäre über die Stränge geschlagen. Ich sollte ihm bitte verzeihen. Emma schüttelte entsetzt den Kopf, als ich ihr erzählte, wie viel Geld Klaus von mir forderte. Allerdings war sie nicht in der Lage, auch nur annähernd zu begreifen, wie viel Geld 6 000 Euro wirklich bedeuteten. „Können wir davon ein Pferd kaufen?“, fragte sie neugierig. „Eins? Zwei! Drei!“, antwortete ich. Emma staunte. Jedoch schluckte auch sie und wurde für ihre jungen zehn Jahre erstaunlicherweise sehr ernst. „Wir brauchen das Geld selbst, Mama!“, sagte sie energisch. „Du siehst die Kohle doch nie wieder!“ Emma hatte recht. Das Geld wäre futsch, und wiedersehen würde ich es in diesem Leben nicht mehr. Jedenfalls nicht von Klaus. Mein Verhängnis war: Ich liebte Klaus. Für seinen Seelenfrieden hätte ich alles getan, was ich an Möglichkeiten zu bieten hatte. „Ich mag Klaus nicht!“ Emma wandte sich von mir ab und ließ mich an dem Tag in der Küche stehen, als ich ihr beichtete, dass ich Klaus zwar keine 6 000 Euro hatte zukommen lassen, aber immerhin 250. Emma war enttäuscht von mir, ihrer eigenen Mutter. Sie spürte, dass Klaus nicht der richtige Mann für mich war. Zu blind war ich, um selbst zu erkennen, auf was ich mich eingelassen hatte. *Liebe macht blind, da ist schon was dran.* Damals war es mir zu blöd, meiner zehnjährigen Tochter beizupflichten, dass sie recht hatte, während ich mich irrte. Fehler einzugestehen war nicht gerade eine meiner Stärken. Außerdem liebte ich Klaus, somit sprachen Emma und ich über ein völlig verschiedenes Thema. Für mich gibt es in der Liebe kein Ausnutzen. Wenn mein Partner Hilfe braucht, gewähre ich ihm diese ohne Wenn und Aber, wenn ich es kann. Auf die Idee, dass Klaus mich gar nicht liebte, weil er mich gar nicht lieben konnte und es auch nicht wollte, wäre ich so schnell nicht gekommen.

Kapitel 8

Zerissenheit

Ich laufe durch einen Tunnel. Wie beengt er ist, kann ich nicht erkennen. Es ist so furchtbar dunkel. Ich glaube, es ist ein Tunnel, durch den Züge fahren, denn ich laufe auf blanken, metallenen Eisenbahnschienen. Barfuß bin ich. Mir ist kalt. Ich friere. Um mich herum herrscht Totenstille, während ich immer wieder stolpere und hinzufallen drohe. An den Wänden der schwarzen Steinmauer hängen grässliche Fratzen. Es schaut aus, als wären sie dort hineinbetoniert worden. Hässliche, düstere Gesichter, die mich mit ihren blutdurchtränkten Augen verfolgen. Lautlos verfolgen mich ihre Blicke entlang des Weges, von dem ich nicht weiß, wo er endet. Mutig schreite ich voran, möchte nicht anhalten. Möchte nicht von den Gesichtern, von denen ich glaube, dass es Zombies sind, angestarrt werden. Die Angst ist mein Begleiter im Dunkel der Nacht. Woher kommen nur all diese bösen Gesichter? Wo bin ich? Wer bin ich? Plötzlich, Schritte! Jemand außer mir scheint im Tunnel der Hölle unterwegs zu sein. Ich bin nicht allein. Ich höre es, das Knirschen im Schotter der Schritte derer, die sich mir aus der entgegengesetzten Richtung nähern. „Hallo!", rufe ich ängstlich. Da! Da ist doch jemand! Es kommt immer näher. Unaufhaltsam. Es ist bedrohlich. Beängstigend. „Hallo? Verdammt noch mal, wer ist denn da?" Es wird hell. In das Dunkel des Tunnels fällt ein heller Lichtstrahl, und ich erkenne plötzlich Emma. Sie trägt ihren roten Mantel. Den, den sie so sehr liebt. Ihr Vater hat ihr das hässliche Ding zu Weihnachten geschenkt. Ich mag ihn nicht. Er kleidet Emma nicht. Passt nicht zu ihrem Typ. Emma ist es, die sich mir mit schweren Schritten aus der anderen Richtung nähert. Ich kann ihr Gesicht nicht erkennen. Sie schaut mich an, aber ich erkenne ihr Gesicht nicht. Sie hat keine Augen und keinen Mund. Keine Nase. In ihrem Gesicht ist nichts außer Haut. Ebenmäßige, glatte, sehr weiße Haut, und sonst nichts. Ich erschrecke. Das ist nicht mein Kind. Mein Kind hat ein Gesicht, ein wundervolles. Sie hat das schönste Lächeln, wenn sie lacht. Doch, es ist Emma. Was ist mit ihr geschehen? Ich erkenne sie doch an ihrem Gang und an ihren wunderschönen braunen Haaren. Sie geht an mir vorbei. Wortlos. Sie zeigt keine Regung. Geht einfach unbeirrt weiter. Sie sieht mich nicht. „Emma!", rufe ich ihr hinterher. Ich will ihr nachlaufen, aber ich kann nicht. Es ist, als wäre ich festgepappt auf den Bahngleisen. Ich kann mich nicht bewegen. Meine Füße sind so kalt. Ich bin steif und starr. Sie sind nass und kleben auf dem Eisen der Schienen fest. In der Ferne hupt es. Ein Zug, fährt es mir in den Kopf. Aufgebracht ruckele ich mit den Beinen, will meine Füße von den Gleisen bewegen, aber es gelingt mir nicht. Blut! Meine Füße bluten. Du musst ruhig stehen bleiben, schießt es mir in den Kopf. Wenn du mit deiner Zunge im Winter an Metall leckst, dann bleibst du auch kleben. Im schlimmsten Fall reißt es dir sonst die Zunge ab. Bleibe ruhig, Julia! Der Zug, ich kann ihn sehen. Er kommt rasend und bedrohlich schnell näher. Er wird mich überfahren, ich komme nicht von den Gleisen los. „Emma!“, schreie ich angstvoll und strecke meine Hände in ihre Richtung. Sie schreitet unbeirrt voran. „Geh von den Gleisen runter!“, rufe ich. Sie hört mich nicht. In dem Moment, als mich der Zug überrollt, werde ich wach. Ich liege in meinem Bett und sortiere mich mit schwerem Atem. Ich keuche. Angst. Die Angst sitzt überall. In jeder Ecke meines Zimmers. Warum? Warum diese Träume? Kerzengerade sitze ich auf meiner Matratze zwischen zerwühlter Bettdecke und geknuddeltem Kopfkissen. Alles ist durcheinander. Ich habe wieder einmal gewütet in meinem Bett, während ich schlief. Diese schrecklichen Albträume. Sie plagen mich immer wieder. Nacht für Nacht. Aber warum? Was wollen mir die Dämonen aus meinen Träumen sagen?

Warum erkenne ich Emmas Gesicht nicht? Sie ist mir so fremd. Mein eigenes Kind. Völlig fremd ...

Kapitel 9

Überforderung

Im wahrsten Sinne des Wortes rotierte ich zwischen Haushalt, Job, meinem Kind und meinem Freund hin und her. Es war nur eine Frage der Zeit, wann meine Batterien aufgebraucht sein würden. Wie ein Stehaufmännchen funktionierte ich. Natürlich war auch ich nervlich angeschlagen. Ich ließ mich nicht unterkriegen. Tag für Tag stand ich morgens mit einem Lächeln im Gesicht auf und erledigte meine Arbeit. Arbeit sei das Wichtigste im Leben, glaubte ich. Mein Vater war derselben Meinung. Emmas Vater, Markus, hatte nie gearbeitet. Solange ich ihn kannte, machte er beständig einen auf krank und arbeitsunfähig. Er schob sein Leiden auf einen Autounfall, den er vor Jahren unverschuldet durchlebt hatte. Den anderen Fahrer traf das Verschulden vor vielen Jahren, nicht ihn. Es hatte Markus damals hart getroffen, und ich zeigte Verständnis für ihn und seine Verletzungen. Er hatte bei dem Unfall ein Trauma erlitten. Lange Krankenhausaufenthalte waren die Folgen des Unfalls. Eine Therapie besuchte er im Anschluss nicht. Ich glaube, es ist ganz fürchterlich, im Auto zu sitzen, wenn es plötzlich knallt. Der Horror eines jeden Autofahrers. Es war damals mitten in der Nacht, als Markus das andere Auto mit dem hinter dem Steuer betrunkenen Fahrer entgegenkam. In einer Kurve passierte es. Wie aus dem Nichts heraus. Ein Knall. Frontalzusammenstoß. Schrecklich! Blut und Geschrei! Zusammengedrückte Autos und Verletzte. Alle Beteiligten wurden schwer verletzt, und der Fahrer des entgegenkommenden Fahrzeugs sogar getötet. Nach Reha-Maßnahmen und anschließenden Kuraufenthalten regenerierte sich Markus nur langsam wieder. Ich kann diese Begebenheiten lediglich aus seinen Erzählungen wiedergeben. Ich war bei dem Unfall nicht dabei. Gott sei Dank. Jedes Mal, wenn ich durch eine Kurve fahre, denke ich daran, dass mir ein anderes Auto frontal entgegenkommen und ich sterben könnte. Vielleicht verschwende ich meine Gedanken an solch gruseligen Dinge, weil ich manchmal gern sterben möchte? Weil ich zwischendurch Todessehnsucht habe in den dunklen Stunden des Lebens? Eigentlich bin ich doch glücklich, oder? Rede ich mir nur ein, dass ich ein glücklicher Mensch bin, und bin es gar nicht? Theoretisch könnte ich jeden Tag sterben, ob ich das will oder nicht. *Gar nicht weiter nachdenken, Julia! Du bist viel zu jung zum Sterben, und dein Leben fängt gerade erst an! Außerdem besitzt du gar nicht den Mut, dich aus dem Leben zu katapultieren.* Dennoch denke ich oftmals an das Sterben und den Tod. Nicht nur ein Auto könnte aus dem Nichts auftauchen. Auch ein großer LKW oder ein Traktor, der mich aus dem Leben pusten könnte. Manchmal gibt es

Menschen, die sitzen mit ihren Handys am Steuer und beachten den Verkehr gar nicht. Sie müssen immer und überall online unterwegs sein und posten Dinge bei Facebook aus dem fahrenden Auto heraus, ohne auf die Fahrbahn zu achten. Ich gehöre auch zu ihnen. Aber ich habe das im Griff. Ich mache das nur auf den Strecken, die ich auch im Schlaf fahren könnte und die ich gut kenne. Auf dem Weg zu meiner Arbeit. Ich möchte niemanden gefährden. Einige Situationen gab es bereits, wo ich im letzten Moment das Steuer meines Autos herumriss, um nicht frontal in den Gegenverkehr zu krachen. Genauso gut könnte ich mir auch meine Pulsadern aufschneiden, wenn ich sterben will. Oder von einer Brücke springen. Aber warum? Umbringen kann ich mich morgen auch noch. Heute lebe ich, und ich halte so lange durch, wie es nur eben geht. Mein Leben vernimmt soeben einen ganz wunderbaren Verlauf. Ich habe mich verliebt in einen wundervollen Menschen, was will ich mehr? Habe mich verliebt, obwohl ich an die Liebe gar nicht mehr glaubte. Das ist doch wunderbar! Dass Klaus mich um 6 000 Euro bringen wollte, hatte ich ihm längst verziehen. Nachdem Markus sich damals von dem Unfall erholt hatte, und körperlich wieder so weit hergestellt war, dass er seinen Beruf als Maurer hätte ausüben können, resignierte er. Und zwar völlig. Er nahm von allem Abstand, was ihm wichtig gewesen wäre, so erzählte er es mir jedenfalls. Typisch für eine Depression. Er glaubte nicht mehr, in der Lage zu sein, arbeiten zu gehen. Selbstzweifel. Geringes Selbstbewusstsein.

Markus trug Hassgefühle in sich. Hassgefühle für sich selbst. Das sagte er mir zwar nicht, aber ich kombinierte es. Setzte das Puzzleteil zusammen. Der Unfall stürzte Markus in eine schwere Psychose. Damals stand es zur Debatte, sein Bein amputieren zu müssen, und lange Zeit schwebte Markus in der Ungewissheit, was mit ihm und seinem Unterschenkel passieren würde. Solche Erlebnisse nagen an der Seele und hinterlassen Spuren. Seine Mutter war bereits älteren Semesters. Markus war das jüngste Kind von sieben Geschwistern. Das Nesthäkchen also. Verpimpelt worden von zuhause aus war er. Verhätschelt und vertätschelt. Seine Mutter hatte es gutgemeint. Oftmals resümierte ich gedanklich über sie. Immerhin war Markus cholerisch und neigte zur brutalen Gewalt und zu Straftaten. Es muss immer Gründe geben, warum ein Mensch so wird. Ich glaube, seine Mutter war zerfressen von tiefen Schuldgefühlen. Sie hatte ein hartes Leben hinter sich. Ihr Mann, Markus' Vater, starb recht früh an Krebs, und die Mutter musste für sich und die Kinder allein sorgen. Das war hart zu verdienendes Brot, in der Tat. Ich schenkte ihr meinen größten Respekt. Ich kam mit ihr immer gut klar, sie war eine wundervolle, liebenswürdige Frau. Jedoch hatte sie für ihre Kinder wenig Zeit. Die nötige Zuwendung und Zuneigung konnte sie ihnen nicht entgegenbringen, weil sie um das Überleben der Familie kämpfte. Markus wurde geboren, als die anderen Kinder zum Teil aus dem Gröbsten heraus waren. Er bekam all die Zuwendung und Liebe, die seinen Geschwistern verschmäht blieb. Er war derjenige, der zuhause eine große Klappe haben durfte. Recht früh schon griff er zur Flasche und konsumierte Alkohol in größeren Mengen. Ich erfuhr es von gemeinsamen Freunden, die Markus aus Kindheitstagen kannten. In meinen Augen hätte Markus sehr wohl eine kleine Tätigkeit ausüben können, nachdem er körperlich wiederhergestellt war. Vielleicht nicht in erster Linie, um Geld zu verdienen, sondern um der Langeweile in seinem Leben vorzubeugen. Irgendwann saß er nur noch nutzlos zuhause herum und ging keiner sinnvollen Tätigkeit mehr nach. Was passiert mit Menschen, wenn sie so beginnen, in den Abgrund ihrer Psyche abzudriften? Die sich hängenlassen und deren Selbstwahrnehmung schwindet? Sie greifen irgendwann zum Alkohol. Markus griff natürlich irgendwann zur Flasche, genau wie sein Vater es getan und seiner Familie jahrelang vorgelebt hatte. In der damaligen Zeit, die Familie war aus Schlesien übergesiedelt, war das Leben hart und wahrscheinlich im Suff besser zu ertragen als im nüchternen Zustand. Markus rutschte damit noch tiefer in die Depressionen. Natürlich hätte er niemals eingesehen, dass er ein psychisches Problem hatte. Dafür war er viel zu sehr Macho. Wenn ich ihn vorsichtig auf solche Dinge ansprach, erlebte ich, wenn ich Pech hatte, mein blaues Wunder. Markus schlug sofort zu, wenn der Alkoholpegel stimmte. Das tat er zwar nicht zu Beginn unserer Beziehung, aber zum Schluss. Das war nur einer der Gründe, der auf einer Endlosliste derer Dinge stand, warum ich mich von Markus trennen wollte. Der Alkohol und seine Gewaltausbrüche zerstörten vieles zwischen uns.

Kapitel 10

Dein Vater der Alkoholiker

„Weißt du, dass dein Papa Alkoholiker ist?“ Emma und ich saßen eines Tages zusammen in irgendeinem schicken Lokal und stopften uns die Mägen mit Pizza und Cola voll. Ein typischer Mädelsabend. So sah er aus, wenn wir beide ausgingen. Im Anschluss vielleicht noch einen netten Film im Kino ansehen, und wir waren glücklich. Wir waren tatsächlich gut drauf und fröhlich, genossen eine gute Zeit ohne Emmas Vater. An fremden Orten konnte ich mit Emma sehr gut schwierigere Themen besprechen. Dort gelang es jedenfalls besser als zuhause. Zwangsläufig geschah es natürlich, dass wir immer mal wieder über Markus, Emmas Vater, sprachen. Emma besuchte ihren Vater jedes zweite Wochenende. Auf meine Frage mit dem Alkoholproblem ihres Vaters schüttelte sie energisch den Kopf. „Nein! Er trinkt gar kein Bier mehr, wenn ich ihn besuche!“, schützte sie ihren Vater. Ich schenkte Emma keinen Glauben. Der Alkoholkonsum ihres Vaters hatte in den letzten Jahren enorme Auswüchse angenommen. Niemals glaubte ich, dass er es ohne eine Entziehungskur schaffen würde, die Finger von dem Dreckszeug zu lassen. Damals, als wir noch zusammenwohnten, versprach er, sich einer Therapie zu unterziehen. Dieses Versprechen setzte ich als Bedingung, dass wir es noch einmal miteinander versuchen wollten. Die Therapie brach er kurze Zeit später aus fadenscheinigen Gründen wieder ab. Niemals mehr wollte ich in meinem Leben mit einem Mann zusammenziehen, der ein übergeordnetes Verhältnis zum Alkohol hatte. Da könnte er mir mit noch so vielen, in seinen Augen, plausiblen Erklärungen um die Ecke kommen, warum er „mal ein Bierchen trinkt", wie die meisten Männer es nennen, er hätte bei mir keine Chance. Das Schlimmste am Alkohol, empfinde ich, ist, dass man äußerst üble Dinge verrichten und für sie verantwortlich sein kann, an die man sich am nächsten Tag nicht mehr erinnert. Markus verprügelte mich im Suff, und am nächsten Tag wusste er davon nichts mehr. Stattdessen bezichtigte er mich der Lüge. „Du lügst! Warum erzählst du solch einen Mist? Du bist so dreckig! Pfui! Ich würde mich schämen, meinen Freund so in die Pfanne zu hauen!", rechtfertigte er seine gewalttätigen Übergriffe. „Zieh dich aus!" Die Tür zu meinem Schlafzimmer wurde brutal aufgerissen und flog beinahe aus den Angeln. Durch den Lärm erwachte ich aus meinem wohlverdienten Schlaf. Markus knallte mit seiner linken Körperhälfte unsanft gegen den Türrahmen. Er taumelte ins Zimmer. „Aua!", schrie er erbost. Mit seinem dicken Zeh war er empfindlich gegen das Bettgestell gestoßen. The same procedere as every night. Mit einem dumpfen Knall plumpste er unachtsam auf die leere Betthälfte. Sofort füllte sich die Luft im Zimmer mit einem widerlichen Alkoholgeruch. Markus war abgefüllt bis oben hin. „Ich will Sex! Also zieh dich aus!“, lallte er im Befehlston. Während er mich aus seinen glasigen, alkoholisierten Augen anblickte, verdrehte er diese mehrfach, dass mir angst und bange wurde. Er rieb sich mit der Handfläche über die Nase. Die Hände waren schmutzig. Das Schwarze klebte unter seinen Fingernägeln. Wenn Markus getrunken hatte, war er nicht mehr in der Lage, unter die Dusche zu gehen. Die Gefahr, in der Dusche hinzufallen, war ihm zu groß. Vor längerer Zeit hatte er im betrunkenen Zustand einen Unfall im Badezimmer gehabt. Er rutschte aus auf dem blanken Boden der Dusche und schlug mit dem Kopf seitlich an das Waschbecken. Eine Platzwunde trug er davon. Da es unheimlich stark blutete, fuhr ich ihn ins Krankenhaus. Auch gegen seinen Willen. Mit Händen und Füßen sträubte er sich, in mein Auto einzusteigen. Natürlich war es äußerst peinlich, meinen besoffenen Freund mitten in der Woche in die Notaufnahme des Krankenhauses zu bugsieren. Am Wochenende hätte man durchaus eine Feier besuchen und stürzen können, und die Ärzte hätten vielleicht nicht so sehr ihre Nasen gerümpft. Markus war das nicht peinlich. Nein. I wo! Im Gegenteil. Er beleidigte und beschimpfte die Ärzte auf seine Art, wie er es mit mir tat, wenn er besoffen war. Ich schämte mich abgrundtief für ihn, wusste aber, er würde sich am nächsten Tag an den Vorfall nicht mehr erinnern. Woher die Nähte auf seinem Kopf stammten und das große Pflaster, das ihm die Ärzte aufklebten, blieb ihm am nächsten Morgen ein Rätsel. Als ich ihn aufklärte, sagte er, dass er eben nicht mehr unter die Dusche gehen durfte, wenn er Bier getrunken hätte. Ebenso gab er mir den dringenden Hinweis, dass ich meine Finger von ihm zu lassen hatte. Krankenhausfahrten seien ab sofort verboten. Markus lag also auf dem Bett, rieb sich die Nase und zog den dort befindlichen Rotz so hoch, dass ich glaubte, er würde ihm bis in sein hohles Gehirn spritzen. Die Geräusche, die er von sich gab, erinnerten an einen Zuchtbullen, der eine gebärfreudige Kuh beschnupperte. „Mach schon! Du bist mein Weib und hast zu gehorchen!“ Er nickte bedrohlich mit dem Kopf in meine Richtung. Seine Aufforderung, dass ich mich entblößen sollte, war ernst gemeint, und er würde keinen Widerstand dulden. Gedanklich fragte ich mich, ob er überhaupt noch in der Lage war, einen hochzukriegen. Markus brachte sein bestes Stück selbst bei einer halben Flasche Wodka noch auf Touren, wo ich nach einem halben Glas bereits tot gewesen wäre. Der Geruch aus seinem Mund verriet mir, dass er in dieser Nacht lediglich Bier getrunken hatte. Mich schauderte es. Markus war also nicht besoffen genug, dass ich ihm hätte entkommen können. Oftmals passierte es, dass, wenn er Wodka gesoffen hatte und sich auf mein Bett fallen ließ, er einschlief, während ich kurz im Badezimmer verschwand. Mit einer fadenscheinigen Ausrede, wie der, dass ich mal für kleine Mädchen musste, bevor es losging, oder dass ich mich noch einmal vorher waschen wollte, ließ er mich für einen kurzen Moment aus den Augen. Wenn ich zurückkam, lag er meist schnarchend im Bett. Gelber Sabber lief aus seinen Mundwinkeln und tropfte ungehindert ins frisch überzogene Bettlaken. Widerlich. Ein unheimlich unappetitlicher Anblick, der mich manchmal bis in meine schlimmsten Albträume verfolgte. Tief versunken in seinen Träumen war er. Er, der Mensch, dem ich einst meine Liebe schenkte und vor dem ich mittlerweile einen Ekel verspürte, dass ich bei seinem Anblick, wie er volltrunken schlafend, sabbernd und schnarchend in meinem Bett lag, hätte kotzen können. Am liebsten mitten in sein Gesicht. Mir zogen Gedanken durch meinen Geist, die von Verunsicherung und Angst erzählten, während der schlechten Tage unserer Beziehung. Von den guten war nicht viel übrig geblieben, und von ihnen hätte ich lieber erzählt. Von welchen Dingen dieser widerliche Mensch wohl träumte, fragte ich mich gedanklich, während ich Markus betrachtete. Manchmal lag ein kleines, zufriedenes Lächeln in seinem Gesichtsausdruck. Heute, in dieser Nacht, würde er allerdings nicht schlafen, wenn ich zur Toilette ging. Heute war sein Tag … Eiskalt lief es mir den Rücken hinunter, und ich zitterte am ganzen Körper. Vor Angst. Während Markus mit zittrigen Händen den Reißverschluss seiner Hose aufzog und dabei fluchte, „Mensch, hilf mir doch mal, Julia!“, weil sich das Futter unbarmherzig zwischen der Reißverschlussleiste, seiner Unterhose und der empfindlichen Haut seines Penis eingeklemmt hatte, überlegte ich fieberhaft, ob es nicht eine Möglichkeit für mich gab, die anstehende Vergewaltigung abzuwenden. Sex gegen meinen Willen war in meinen Augen nichts anderes als eine Vergewaltigung. Auch wenn es sich bei Markus um meinen Freund handelte und wir uns irgendwann vor gefühlten Jahrhunderten einmal etwas von Liebe und so erzählt hatten. Wenn ich meinen Missmut gegenüber Markus und seinen Handlungen kundtat, hagelte es Vorwürfe an meine Adresse, oder es setzte gleich Schläge mitten in meine Fresse, wie Markus mein eigentlich hübsches Gesicht titulierte. Dass er mir einmal während unserer Beziehung Komplimente gemacht hätte, daran konnte ich mich wahrlich nicht mehr erinnern. „Immer hast du Migräne, wenn ich dich ficken will! Oder deine Tage … Pah! Ein guter Seemann sticht auch ins rote Meer!“, machte sich Markus über meine, in seinen Augen, Ausreden, lustig. Zuerst machte er sich lustig, dann wurde er ernst. Wenn ich Markus zu sehr reizte, gab es äußerst schmerzhaften Sex für mich, weil alles sehr lieblos, brutal und äußerst schnell gehen musste. Markus wollte mir mit der rasanten Geschwindigkeit im Ablauf des Sexualaktes bewusst wehtun. Seine Macht wollte er demonstrieren. Wenn er beim Geschlechtsverkehr so zornig agierte, dann war das für mich seine Bestrafung, weil ich mich ihm widersetzt hatte. Bei dieser kaltblütigen Art von Sex, oder nennen wir es Vergewaltigung, verkrampfte ich natürlich sehr, und es war eine wahrhaftige Tortur für mich, sein Lustspiel über mich ergehen zu lassen. Eine

Vergewaltigung ist furchtbar genug, aber wenn der Peiniger auch noch sturzbesoffen ist, dann ist es etwas so Widerliches und Abartiges, dass man es in Worten gar nicht beschreiben kann. Wenn ich versuchte, freundlich zu Markus zu bleiben, und ihm Honig um den Bart schmierte, aus reiner Angst und in der Hoffnung, das Drama umgehen zu können, war das Szenario, wenn ich Glück hatte, einigermaßen zu ertragen. In dieser Nacht hatte ich tatsächlich meine Periode, und es war mir äußerst unangenehm, mich Markus sexuell unterzuordnen. „Ich blute sehr stark!“, gab ich kleinlaut zu Wort und hoffte auf ein Wunder. „Na und? Ich steh’ da drauf!“ Markus machte eine abfällige Handbewegung und lachte schmierig. „Aber lecken tu’ ich deine kleine Drecksfotze nicht, auch wenn dir das gefällt!“ Plötzlich wurde er sehr ernst in seiner Stimme, und für einen Moment glaubte ich, er würde aus seinem besoffenen Zustand erwachen. „Das gefällt dir doch, wenn ich dich lecke, oder?“, fragte er skeptisch. Für einen kleinen Moment glaubte ich tatsächlich, der Selbstzweifel sprach aus diesem kranken Menschen. „Ja“, nickte ich leise. Ich hatte keine Lust auf größeren Ärger, ich wollte Markus nicht unnötig reizen, sondern die Angelegenheit schnell hinter mich bringen. Augen zu und durch, Julia, redete ich mir meine bevorstehende Pein schön. In der Gewalt und Grausamkeit, mit der Markus gegen mich vorging, steckten nichts anderes als pure Minderwertigkeitskomplexe seiner eigenen Person. Sich gegenüber dem schwächeren Geschlecht mit allen

Mitteln behaupten und durchsetzen zu können, ja ihre Opfer sogar einzuschüchtern und ihnen Angst einzujagen, beschert solchen Menschen das Gefühl, sie seien die Größten überhaupt in ihrem Umfeld, und niemand könne sie von dem hohen Thron stoßen, auf dem sie feuerspuckend saßen. Plötzlich stand Emma in der Tür. Mit ihrem Teddy unter dem Arm. Ihr ausdrucksloses, blasses Gesicht auf den Ablauf gewandt, der sich vor ihren kindlichen Augen abspielte. Die Vergewaltigung ihrer Mutter vom eigenen Vater beobachtete sie. Emma sagte keinen Mucks. Während Markus sich an mir befriedigte, sah ich mein Kind aus dem Augenwinkel heraus. Unsere Blicke trafen sich. Ich erkannte Emmas Traurigkeit und Verzweiflung in ihren ängstlichen Augen. Sie war wahrscheinlich wach geworden und sehnte sich nach Zärtlichkeit ihrer Eltern, die sie tröstend in den Arm nahmen, um sie vor einem schlechten Traum zu beschützen. Ich war den Dingen machtlos ausgeliefert, und in meinem Herzen zerbrach ich an ihnen. Gegen Emmas Vater wäre ich nicht angekommen. Niemals. Aber wir liebten uns doch einst … Wie konnten solch fürchterliche Dinge geschehen und warum bemerkte ich es nicht von Anfang an, welch einem kranken Arschloch ich auf den Leim gegangen war? Nicht in Worten, nicht mit meiner Gestik und auch nicht mit Taktik war diesem Ungeheuer von Mensch beizukommen. Beschwichtigungsversuche erachtete Markus stets als Erpressung. Es war für mich, als wäre ich vergewaltigt und für den Sex vor der Ehe gehängt worden. Egal was ich tat, ich wurde bestraft. Mir blieb keine Chance. Egal wie ich mich verhielt, ich konnte es Markus nicht mehr recht machen. Selbst über den Sex meckerte er irgendwann. Dass alles so lust- und lieblos zwischen uns geworden sei. Was verlangte er von mir? Dass mir die Vergewaltigungen Spaß machten? In dieser Zeit dachte ich oftmals an den Tod. Er wäre besser gewesen als alles andere in meinem Leben.

Kapitel 11

Fremde

Mein fremdes Kind … Immer wieder stand dieses fremde Kind plötzlich mitten in meinem Leben und spielte die Hauptrolle. Emma… Zunächst wusste ich nichts mit ihr anzufangen. Ebenso wenig sie mit mir. Wir waren uns beide so fremd…Vielleicht war ich die Fremde? Für Emma…

Als Markus fort war…

Endlich wurde Emma nicht mehr beeinflusst von ihrem fürchterlichen Vater, der für sie eigentlich der Herrgott in unserem Hause gewesen war. Ihre Trauer, dass er fortging, war unübersehbar. Sie jammerte. Sie litt. Ihr Herz schrie. Sie war traurig, fühlte sich einsam und verlassen. Mit neun Jahren war sie jedoch nicht in der Lage, ihre Gefühle klar und deutlich zu äußern. In ihrem

Gesicht las ich sehr wohl, wonach sie sich sehnte. Nach ihrem Vater. Während ich mich in all den grausamen Jahren, die ich an der Seite ihres Vaters verbracht hatte, nach dem Tod sehnte, sehnte sie sich nach dem Verschwinden ihres Vaters nach nichts so sehr wie nach ihm, und sie tat nichts anderes als zu hoffen, dass ihr Wunsch, ihn irgendwann wieder um sich haben zu dürfen, erhört wurde. „Bitte! Könnt ihr nicht wieder zusammengehen?“, flehte sie mich an. Tag für Tag. Das fremde Kind, mein eigen Fleisch und Blut, bat mich, ihrem Vater, diesem Scheusal, noch eine Chance zu geben. Ihr Vater hatte bereits so viele Chancen hinter sich, dass ich sie alle gar nicht mehr zählen konnte. Niemals und für nichts in der Welt wäre ich zu ihm zurückgegangen. Mein Kind war zu jung, um zu begreifen und zu verstehen, was ihr Vater mir angetan hatte. Die emotionale Gewalt ging damals ziemlich rasant in körperlichen Missbrauch über. Zügig lief unsere Beziehung völlig aus dem Ruder. Emmas Vater schubste mich die Treppe hinunter. Er schlug mich. Im Beisein meines Kindes. Nicht nur einmal. Mehrere Male. Immer wieder. Tag für Tag. Nacht für Nacht. Er schlug mich grün und blau. Emma stand nur wenige Schritte abseits. Abseits vom Geschehen. Stumm, starr und regungslos verfolgte sie das Drama. Emma, die unfreiwillige Zeugin mehrerer abscheulicher Gewalttaten ihres Vaters, und das über Jahre hinweg. Wie sehr musste dieses Kind gelitten haben… Die Anzeige, die ich damals stellte, wegen Körperverletzung, verlief im Sande, weil Emmas Vater mich auf Knien anbettelte, ich möge sie bitte zurückziehen, weil ich ihm sein ganzes Leben versauen würde. Dass meines bereits versaut war, weil er dafür gesorgt hatte, daran dachte er nicht. Ein Egoist, mit dem ich es zu tun hatte. Durch und durch. Warum fiel ich eigentlich immer wieder auf die Egoisten herein in meinem Leben? Die Antwort war ganz einfach. Egoisten strahlen allgemein eine unheimliche Macht und Stärke aus, die mich magisch in ihren Bann zog. Jede Frau sehnt sich nach Stärke, Halt und Geborgenheit. Egoisten sind so unverschämt selbstsicher und nach außen hin selbstbewusst auftretend, dass es kein Kunststück ist, ihrem unwiderstehlichen Charme zu erliegen. Peng, ich war getroffen. Nicht nur einmal in meinem Leben verfiel ich einem Egoisten. Soweit ich mich erinnern kann, gehörten alle Männer zu dieser Sorte Mensch. Es war, als hätte ich an meinem Hintern einen Magneten getragen, mit der Aufschrift „Alle Idioten und Egoisten mögen sich bitte unverzüglich bei mir melden!" Den anderen Männern, den „normalen", ihnen schenkte ich keine Beachtung. Sie fielen mir gar nicht ins Auge. Ihnen fehlte diese Stärke, für die ich schwärmte und die mir wenige Monate später das Genick brach… Wie bedauerlich für mich und mein Seelenheil…

Doch ich spürte, mein Tag würde kommen...
Irgendwann...

Der Tag, an dem ich mich befreien könnte.

Kapitel 12

Missbrauch

Der Zustand mit Markus in unserer Beziehung wurde immer schlimmer. Ich bin und war nie ein Unschuldsengel, das gebe ich ehrlich und offen zu. An der einen oder anderen Stelle hatte ich Markus sicherlich gereizt und ihn provoziert. Die Situationen eskalierten zwischen uns zusehends. Anfänglich war mir gar nicht bewusst, wie aggressiv Markus ausrasten konnte. Wenn man weiß, dass man mit einem Schlägertypen unter einem Dach wohnt, hält man sich verbal sicherlich zurück. Im Laufe der Zeit, als ich um die Gefahr wusste, tat ich das natürlich, mich zurückhalten. Allein um mich zu schützen. Immerhin riskierte ich, dass ich Schläge kassierte und diese mit einer gebrochenen Nase bezahlte, seinen psychischen Misshandlungen unterlag oder vergewaltigt wurde. Nichts von diesen Dingen war mehr dauerhaft zu ertragen. Die emotionale Hinrichtung war für mich eigentlich das Schlimmste während der Beziehungszeit mit Emmas Vater. Manchmal fragte ich mich, woher dieser Mensch all die üblen Schimpfwörter nahm, die er für mich auf der Zunge trug. Schlampe, Hure, Drecksschwein, Olle, blödes Weib, Missgeburt und andere Ausdrücke beherrschten das Programm, wenn es Zoff gab. Ich empfand die Demütigungen meiner Person weniger schlimm als die Misshandlungen vor den Augen unserer gemeinsamen Tochter.

Kapitel 13

Angst

Eines Tages stand ich unter der Dusche und ertastete wie immer routinemäßig meine Brüste, während ich mich abduschte. Plötzlich glaubte ich, einen Knoten entdeckt zu haben. Eiskalt lief es mir den Rücken hinunter. Der Albtraum einer jeden Frau offenbarte sich mir an diesem unschuldigen Morgen. Als hätte ich nicht schon Probleme genug, jetzt das auch noch! In solch einer Situation denkt man sofort an Krebs und man sei unheilbar krank und würde bald sterben. Eigentlich war ich ein recht taffer Mensch, so schnell haute mich nichts um, aber ich bekam es mit der Angst zu tun wegen diesem Knoten. Sofort rief ich meinen Frauenarzt an und vereinbarte einen Termin. Völlig aufgelöst setzte ich mich in unsere Küche, nahm die Hände vors Gesicht und weinte bitterlich. Gedanklich spielten sich bereits Szenen meiner Beerdigung ab. Emma war damals sieben oder knapp acht Jahre alt. Sie war als kleines Kind ein wenig zurückgeblieben in ihrer Entwicklung. Als ein Frühchen und mit kompliziertem Geburtsvorgang vielleicht nicht verwunderlich. Mit damals sieben Jahren war sie auf dem Entwicklungsstand einer Vierjährigen. Obwohl man durchaus sagen könnte, dass manche vierjährigen Kinder weiterentwickelt sind, als Emma es zu dem Zeitpunkt war. Sie sprach kaum, und ob sie alles, was um sie herum geschah, begreifen und einordnen konnte, da bin ich mir nicht sicher. Die immer wiederkehrenden Streitszenen zwischen mir und ihrem Vater hatte sie jedenfalls akustisch und auch visuell mitbekommen. Was Markus und ich damals unserer Tochter angetan haben, uns vor ihren Augen zu streiten und handgreiflich auseinanderzusetzen, das ist einfach nur fürchterlich und mit nichts wiedergutzumachen. Hemmungslos stritten wir uns vor unserem Kind. Es waren ja keine normalen Streitigkeiten, denen wir uns hingaben. Dass wir uns ein wenig beschimpft hätten und es gut gewesen wäre. Nein, wir schrien uns an, Markus schubste mich hin und her, verwies mich des Zimmers und drohte mir mit seinen Handgreiflichkeiten. Zum krönenden Abschluss schlug er zu. Emma stand immer regungslos und wie versteinert etwas abseits des Szenarios. Manchmal liefen ihr die Tränen. Weder Markus noch ich nahmen davon Notiz. Markus nicht, weil er in seinem Wahn steckte, und ich nicht, weil mir die Kraft fehlte. Zunächst einmal musste ich mich schützen. Niemals sagte Emma „Mama, Papa, bitte hört auf zu streiten!“ Ich als kleines Kind hatte das getan. Wobei sich meine leiblichen Eltern vor meinen Augen niemals stritten, aber als meine Mutter hinterher meinen Stiefvater heiratete, eskalierte auch bei ihnen die ein oder andere Situation, bei der ich anwesend war. Emma rührte sich nicht, wenn wir stritten. Oftmals beobachtete ich sie aus dem Augenwinkel heraus. Sie zuckte zusammen, und ihre Körperhaltung schien sehr ängstlich unter Anspannung zu stehen. Das kleine Mädchen, mein Mädchen, mein eigenes Kind, musste so sehr leiden. Für sie bedeutete Leben nichts anderes als Angst und Verletzung der kindlichen Seele. Nur weil ich zu feige war, mein armseliges Leben mit ihrem Vater konsequent zu beenden, erlitt mein Kind ein seelisches Trauma. Ja. Ich war mir dessen voll und ganz bewusst. Meine Schuld war es, dass Emmas kindliche Seele Schaden nahm. Viel eher hätte ich die Reißleine ziehen müssen. Aber ich konnte es nicht. Es hing zunächst zu vieles an der Beziehung zu ihrem Vater. Es stand meine Existenz auf dem Spiel. Auf eine Weise glaubte ich, wenn Emma mitbekam, wie grausam ihr Vater im Innersten seiner Seele war, sie ihn später, wenn sie älter wäre, sowieso abgrundtief hassen würde. Genauso, wie ich es tat. Einen Menschen wie ihn konnte man nur hassen, glaubte ich. Einen Menschen, der seine Frau schlug vor den Augen seines Kindes, den durfte man nicht lieben. Was war er eigentlich? Ein Schwein? Mit welchem Ausdruck sollte man ihn bezeichnen? Gab es für diesen Menschen überhaupt einen? Jedenfalls, als ich in der Küche saß und weinte, weil ich glaubte, an Brustkrebs erkrankt zu sein und vielleicht sterben zu müssen, kehrte Markus mit Emma von einem Ausflug zurück. „Was ist denn los?“ Markus warf seine Jacke über den Küchenstuhl und nahm sich aus dem Kühlschrank gleich ein Bier. Das war wieder typisch für ihn. Kaum wusste er, dass er an diesem Tag kein Auto mehr fahren würde, trank er Bier. „He! Ich rede mit dir!“, fluchte Markus gereizt. Emma stand eingemummelt vor mir. Ihr Gesicht wie immer ohne Regung. Es war Winter. Schnee lag, und es herrschte klirrende Kälte. Emma trug eine dicke Winterjacke, einen Schal, Handschuhe und eine Wollmütze. Markus achtete sehr darauf, dass es Emma an nichts fehlte. Emma war sein Liebling, sein Ein und Alles. Emma trug diese Handschuhe, die an einer Schnur hinter die Schultern gelegt und durch die Jackenärmel gezogen wurden. Mit diesen war sie nicht in der Lage, sich selbst auszuziehen. Ich musste lächeln, auch wenn die Situation eine traurige war, weil ich glaubte, bald sterben zu müssen. „Ich habe einen Knoten ertastet heute früh“, murmelte ich, während ich Emma aus ihrem Winterdress befreite. Ich glaubte, Markus würde sich entsetzt vor mich setzen, mich in den Arm nehmen, mich trösten, irgendeine gefühlvolle Regung zeigen. Nichts dergleichen geschah „Ja und?“, fragte er nebensächlich. Als ich zusammenzuckte über die Kälte in seinem Herzen, fuhr er lasziv fort: „Dafür gibt es Ärzte.“ „Was aber, wenn es zu spät ist?“ Panisch ruckelte ich an Emmas Jacke herum, deren Reißverschluss klemmte. „Geh mal etwas liebevoller mit unserem Kind um!“, fauchte Markus und nahm Emma beiseite. „Die Mama ist wieder böse!“, sagte er zu Emma und befreite sie mit einer galanten Handbewegung lässig aus ihrer Jacke. Meine Finger zitterten. Ich hatte Angst und war nervös. Deshalb gelang es mir nicht, den Reißverschluss gleich zu öffnen. Markus zeigte kein Verständnis. „Vielleicht sterbe ich“, argumentierte ich hoffnungsvoll, doch noch eine freundliche Geste zu ergattern, denn in diesem Augenblick brauchte ich sie so sehr. *Liebe mich dann, wenn ich es am wenigsten verdient habe, denn dann brauche ich es am meisten.* „Ja und? Dann stirbst du halt. Dann sind wir Mama endlich los, die ist doch sowieso immer nur schlechtgelaunt“, sagte er zu Emma. Ich war in dem Moment wie geschockt und gelähmt. Wenig später, als ich mich einigermaßen berappelt hatte, wollte ich eine Antwort von Markus hören. Eine Antwort, warum er mich so mies behandelte. Vor allem im Beisein unserer Tochter. „Julia, für meine Familie tue ich alles, aber du gehörst nun mal nicht mehr zu meiner Familie!“ Seine Worte trafen mich hart. „Warum behandelst du mich wie Dreck?“, jammerte ich. Die Tränen liefen mir übers Gesicht. Markus zeigte keine beipflichtende Regung. Im Gegenteil. „Dreck muss wie Dreck behandelt werden“, argumentierte er. Er sprach all diese schrecklichen Worte mit solch einer Härte aus, dass ich mich gedanklich fragte, ob er vielleicht an einer bösartigen Krankheit litt. Im Fernsehen hatte ich einstweilen gesehen, dass Menschen, die eine schwere Erkrankung hatten, wie Krebs oder dergleichen, sich in ihrem Wesen bereits vor Ausbruch der Krankheit veränderten. Ich glaubte, dass das vielleicht einiges erklären würde. Als ich Markus sagte, dass er sich doch einmal untersuchen lassen sollte, wobei ich es nur gut meinte, denn Krebs ist eine sehr ernstzunehmende

Angelegenheit, kassierte ich einen Schlag mitten ins Gesicht. „Wenn hier einer krank ist, dann bist du es!“, schrie er wie von Sinnen. Meine Lippe platzte auf, und ich schmeckte kalten, metallischen Geschmack in meinem Mund. Blut. Mit meiner Hand wischte ich entsetzt über meine Lippen. Dickes, rotes Blut. Nein, ich bettelte nicht um Mitleid. Ich gab mich geschlagen, wie ich es immer tat. Aus purer Not heraus verbarrikadierte ich mich in meinem Zimmer und legte mich weinend auf mein Bett. Getrennte Schlafzimmer hatten wir seit längerer Zeit, und es war gut so. Niemals mehr wollte ich neben diesem Menschen in einem gemeinsamen Bett einschlafen. Markus widerte mich an. Wenn er allerdings in seinem besoffenen Kopf auf den Sex mit mir bestand, laut seiner Aussage war es das gute Recht eines Mannes, seine Frau zu gebrauchen, wann immer er es für richtig hielt, ob sie wollte oder nicht, ob der Mann besoffen war oder nicht, tat nichts mehr zur Sache. Dann schloss ich die Zimmertür besser nicht ab, weil er sie ansonsten eingetreten hätte.

Der Frauenarzt schickte mich gleich in das nahegelegene Brustzentrum. Der Knoten musste medizinisch abgeklärt werden. Nach der Mammographie entfernte man ihn chirurgisch. Markus und Emma besuchten mich im Krankenhaus. Markus war erstaunlich fürsorglich mir gegenüber. Wie ausgewechselt. Nett, lieb, höflich. Stellte mir freundlich lächelnd eine Flasche Organgensaft auf den Nachttischschrank und fragte, ob ich noch einen

Wunsch hätte. Ich war baff für einen kurzen Moment. Heute weiß ich, dass es an der Krankheit lag, von der Markus befallen war. Seine Drogensucht. Der Alkohol machte ihn aggressiv und wütend. Markus verlor im Alkoholrausch die Kontrolle über sich und schlug mich aus seinem Frust heraus, weil er sich somit Erleichterung verschaffte. Wenn er nüchtern war, keimte diese unbändige Wut in ihm nicht so sehr auf, als wenn er gesoffen hatte. Sucht führt zu unkontrollierten Gewaltausbrüchen. Ob es sich um eine Drogensucht oder um eine Alkoholkrankheit handelt, spielt nur eine untergeordnete Rolle. Im Krankenhaus blieb mir Zeit, mich zu informieren über emotionale Gewalt und Missbrauch. Aus der Krankenhausbibliothek besorgte ich mir Fachbücher. Diese verschlang ich beim Lesen, weil ich mich in den geschilderten Situationen und Zuständen eindeutig wiederfand. So las ich über die Schuldzuweisungen, über die einzelne Opfer berichteten, und fand mich absolut in ihnen wieder. Immer wenn etwas passierte, ein kleines Missgeschick, oder Ähnliches, war ich der Übeltäter. Die Schuld landete generell bei mir. *„Oft spürte ich schon in der Art, wie er abends die Haustür aufmachte, wie sein Tag war. Dann hatte er sich wieder über den blöden Chef oder die Angestellten geärgert – aber ausbaden musste ich es immer oder die ganze Familie. Manchmal sogar der Hund, der einen Tritt abbekam“,* las ich. Wir besaßen auch einen Hund. Einen Schäferhund, den Markus hatte ausbilden lassen für den Schutzdienst. Diesen Hund prügelte er ebenfalls, wenn es ihm in den Sinn kam. Wenn eine Übung nicht gesessen hatte oder der Hund die Kommandos nicht sofort umsetzte, kassierte er Tritte in die empfindliche Flanke. Eines Tages starb der Hund. Die Ursache war ungeklärt, aber man vermutete einen Milzriss. Wenn ich Markus damals gesagt hätte, dass ich glaubte, dass die ewigen Misshandlungen an dem Tier letztendlich seinen Tod herbeiriefen, ich glaube, er hätte mich totgeschlagen. *Emotional missbrauchende Menschen versuchen, den anderen mit Gewalt, Drohungen, Dominanz und Machtspielen einzuschüchtern! Menschen die emotional missbrauchen, sind Meister in der Kunst der Manipulation.* Ein Satz aus dem Infomaterial ließ mich besonders erschauern. *„Ich bin eigentlich ein ganz friedfertiger Mensch. Aber mit deinen Eigenheiten provozierst du mich immer wieder zu solchen Wutausbrüchen. Ich will dich nicht schlagen, aber du schaffst es immer wieder, dass es so weit kommt!"*

Kapitel 14

Wach auf

„Julia! Sie müssen sich befreien aus der Beziehung mit ihrem Freund Markus! Sonst wird ihr Kind einen seelischen Schaden davontragen." Eindringlich nahm sich Dr. Schmitt, mein Hausarzt, meine Person zur Brust, als ich ihm eines Tages unter Tränen schilderte, dass ich das Opfer von emotionaler und körperlicher Gewalt meines Freundes war. Es war mir mehr als peinlich, mich einem eigentlich fremden Menschen zu offenbaren. Ich glaubte jedoch, der Arzt wäre unparteiisch und würde mir eine Hilfe sein in meiner Entscheidung. Mit meinen Eltern konnte ich über solche Dinge nur schwer reden. Meine Mutter hatte selbst ein Alkoholproblem, und wenn ich meinem neurotischen, autoritären Vater meine missliche Lage gebeichtet hätte, ich weiß nicht, was passiert wäre, aber vielleicht wäre er einem Herzschlag erlegen. Niemanden wollte ich mit meinen Sorgen und Problemen belasten. Ich glaubte auch, nirgendwo Hilfe zu finden. Ebenso glaubte ich angstvoll, dass die Menschen, an die ich mich hilfesuchend wandte, mich verurteilen würden. Sie mich fragen würden, warum ich mein Kind einem derartigen Horror aussetzte. Emma liebte ihren Vater. Abgöttisch. Markus war ein guter Vater, das würde ich niemals abstreiten. Fürsorglich und liebevoll. Während er mich schikanierte, demütigte und schlug, steckte er all seine Liebe in unsere Tochter, und sie lag ihm dankbar zu Füßen. Mein Gedanke, dass Emma ihn eines Tages zutiefst verabscheuen würde, bestätigte sich nicht. Emma konnte nicht differenzieren, wer die Schuld an der täglichen, häuslichen Gewalt in unserer Familie trug. Niemand konnte es dem Kind verübeln, wenn sie in mir, ihrer eigenen Mutter, den Verursacher sah. Während ich arbeiten ging, kümmerte sich Markus um Emma. Jahrelang ging diese falsche

Rollenverteilung in unserer Familie ungehindert ihren Weg. Eigentlich hätte sich die Mutter um das Kind sorgen und es erziehen müssen, während der Vater das Geld verdiente. Bei uns war es umgekehrt, und das wurde mir als Mutter zum bitteren Verhängnis. Mein Kind wurde vom Vater großgezogen und mir von ihm entfremdet. Ob es Absicht war, die Freude am Sadismus des Vaters, das kann ich nicht sagen. Sagen kann ich jedoch, dass Markus schwer krank war, ich damals sein Leiden aber nicht erkannt und nicht richtig eingeschätzt hatte. Wie schlimm es noch eskalieren würde zwischen uns, davon ahnte ich nichts. „Noch ist nichts zu spät!“, verdeutlichte Dr. Schmitt seine Einstellung, dass ich mich schleunigst trennen musste von Markus. Zu gern wäre ich diesen Weg gegangen. Nur … so einfach war das nicht. Das Geld würde vorne und hinten nicht reichen, um mich, Emma und unsere Tiere durchzubringen geschweige denn den Hof allein zu unterhalten. Markus erhielt immerhin eine Rente, mit der er zumindest einmal die Kosten für Emma übernahm, die anfielen, wie Kleidung und Lebensmittel. Die Hälfte zur Miete steuerte er ebenfalls dazu. Wenn wir uns trennen würden, wie sollte das funktionieren? Außerdem musste ich dann ab sofort arbeiten gehen **und** mich gleichzeitig um die Erziehung von Emma kümmern. Wie wäre das zu organisieren gewesen?

Als ich Markus ankündigte, ihn zu verlassen, lauteten seine ersten Worte: „Ist in Ordnung, aber Emma bleibt bei mir!“ Um meine Person ging es ihm anscheinend niemals. Mein Wohlbefinden war scheißegal. Ansonsten hätte er nach einer Lösung gesucht, dass unsere kleine Familie zusammenblieb und sich der Zustand zwischen uns verbesserte. Wir lebten eigentlich wie im Schlaraffenland. Das Paradies auf Erden nannten wir unser Eigen. Einen wunderschönen Hof mit vielen Pferden, unseren Hunden und den Katzen, umgeben von einem Laubwald, der vor herrlichen Eichenbäumen nur so strotzte und jede menschliche Seele zum Träumen einlud. Wie oft feierten wir ausgelassen mit unseren Freunden im Garten und luden zum Grillfest ein. Allerdings lagen diese lichtvollen Tage schon lange zurück, und die dunklen beherrschten vordergründig unser Dasein. Dennoch erinnerte ich mich gern an sie zurück, und eigentlich gab es nur Gründe für uns, glücklich zu sein. Markus und ich liebten uns doch einst, vor der Geburt von Emma. Warum zerbrach plötzlich alles, und warum ließ mich das Gefühl nicht los, ich wäre mit einem Psychopathen befreundet, der nichts anderes im Sinn hatte als mir zu schaden und mich fertigzumachen? Mich, den Menschen, den er eigentlich lieben und ehren sollte. Ich war doch keine von den Frauen, die mit lackierten Fingernägeln den ganzen Tag faul auf der Haut lagen oder unentwegt zum Shopping in die Stadt fuhren, um die Kreditkarte ihres Mannes auszuschöpfen. Ich war keine Frau, über die sich ein

Mann aufregen musste. Ich verdiente mein Geld mit harter Arbeit, der Job im Discounter war weiß Gott kein Zuckerschlecken. Nebenbei kümmerte ich mich um die Tiere und um den Haushalt. Manchmal fiel ich abends todmüde ins Bett, weil ich den ganzen Tag lang nur in Bewegung war. Aber es war meine Passion. Meine Lebenseinstellung. Ich liebte mein Leben. Das Land. Die Tiere. Meine Tochter, und vor einigen Jahren gehörte meine Liebe eben auch ihrem Vater, Markus. Mittlerweile war ich in meinem Leben an einem Punkt angekommen, an dem ich nicht mehr wusste, ob es noch etwas gab, was mir Freude bereitete und ich von Lebensmut hätte sprechen können. Solange Markus und ich noch unter einem Dach wohnten, würde es mir nicht gelingen, an meine Tochter heranzukommen. Emma fühlte sich zu ihrem Vater hingezogen und versperrte sich für mich. Ich fand keinen Zugang zu ihr. Ich wollte jedoch die zarten Bande zwischen ihr und ihrem Vater nicht zerreißen. Es war so unendlich tragisch. Mein Kind liebte ihren Vater, der zu einem Sadisten geworden war und mich, seine Mutter misshandelte. Das Kind sah die Wahrheit nicht. Verschloss die Augen vor dieser. Gab es überhaupt eine Wahrheit? Wie sollte ich mich entscheiden? Mit all diesen Fragen wurde ich tagtäglich konfrontiert.

Die Tür wurde aufgerissen. Ich schreckte hoch. Mitten in der Nacht musste es gewesen sein. Im Zimmer war es noch dunkel. „Ich knall dich ab, du elendige

Dreckfotze!“ Markus war in mein Zimmer gestürmt, und als ich das Licht anknipste, erkannte ich, dass er eine Waffe in der Hand hielt. Sein Finger ruhte am Abzug. Langsam torkelte er näher. Sein Gang, schwankend und unsicher. Wieder einmal war er sturzbesoffen. „Ohne Emma gehe ich nirgendwohin! Merk dir das!“, schimpfte er. „Du hast dich jahrelang nicht um dein Kind gekümmert! Glaub mal nicht, dass du mir davonkommst!“ Seine Tonlage wurde lauter, dabei war er schon so laut, dass es mir graute. Es war typisch für ihn, dass er in einem mir gegenüber drohenden, übermäßig lauten Ton herumschrie, um mich einzuschüchtern. An dem Tag dachte ich, Markus würde mich tatsächlich erschießen. Seine Waffensammlung war legal, er besaß den Schein für die Gewehre und Revolver, die bei uns in einer Waffenkammer lagerten. Markus knallte mich in der Nacht nicht ab. Noch nicht. Mir wurde jedoch klar, dass ich es auf einen weiteren Versuch, dass bei ihm die Sicherungen durchbrannten, nicht darauf ankommen lassen durfte.

„Wenn ihr euch trennt, lass das Kind doch bei ihm“, gab meine Mutter ihre Einstellung zu der Tragödie ihrer Tochter preis. Mit irgendjemandem musste ich über die Angelegenheit sprechen. Mein Herz weinte. Es schrie nach Liebe, Geborgenheit und nach einer Lösung. Und um Hilfe natürlich. Akribisch verteidigte meine Mutter ihre Ansichten. „Das Kind ist auf seinen Vater fixiert, Julia, Emma liebt ihren Vater, du zerstörst alles in diesem

Kind, wenn du es seinem Vater entreißt. Er war da, während du arbeiten gegangen bist, er war es, der seiner Tochter ein offenes Ohr gab, wenn sie traurig war. Du hast doch gar keine Zeit für dein Kind! Sei doch vernünftig!" Den Worten meiner Mutter wollte ich nicht folgen. Ich konnte mein Kind doch nicht bei einem kranken Irren zurücklassen. Wie ich alles bewältigen sollte, wusste ich nicht, aber ich entschied mich, den Schlussstrich zu ziehen unter die Beziehung mit Markus und mit Emma ein eigenes Leben aufzubauen. Auch wenn es mich alles kosten würde, was mir jemals lieb gewesen war und was ich mein Eigen nannte. Meine Tiere, den Hof, meinen Stolz und mein letztes bisschen Würde. Wenn ich den Schlussstrich zog, ging ich das Risiko ein, mit nichts mehr dazustehen, aber das war mir egal. „Du bist diese Entscheidung deinem Kind schuldig!" Meine Freundin erklärte sich bereit, mir Hilfestellung zu leisten für den vor mir liegenden großen Schritt in ein neues Leben. Einen Rechtsanwalt beauftragte ich mit der Wahrnehmung meiner Interessen. Markus wollte freiwillig das Feld nicht räumen, und mit dem Anwalt in meinem Rücken sah die Sache anders aus. Wir hatten beide das gemeinsame Sorgerecht, und natürlich wusste Markus, dass ich Unterhaltsansprüche geltend machen würde, wenn er ohne Emma aus meinem Leben verschwinden musste. Er war äußerst gereizt und angespannt, weil er merkte, dass ich Ernst machte mit meiner Drohung, ihn mit allen mir zur Verfügung stehenden Mitteln aus dem Haus und aus meinem Leben zu vertreiben. Der Anwalt erklärte Markus sofort, dass er sich auf das Aufenthaltsbestimmungsrecht seiner Tochter keine Hoffnungen machen brauchte. Wenn nötig, würden wir vor Gericht ziehen. Markus sah seine Felle davonschwimmen. Noch wohnten wir zusammen, weil er so schnell keine geeignete Wohnung fand. Der Zustand mit ihm unter einem Dach wurde für mich unerträglich. Emma weinte viel in dieser Zeit. Sie wollte nicht, dass sich ihre Eltern trennten und der Vater auszog. Das Verhältnis zu meinem Kind war gespalten. Emma war mir nicht zugänglich. Sie in den Arm zu nehmen fiel mir unendlich schwer. Ich verstand nicht, warum sie meine Entscheidung nicht akzeptieren wollte. Sie war stumme Zeugin der Streitigkeiten ihrer Eltern geworden, über Jahre hinweg. Sie litt still, leise und heimlich unter der Beziehung ihrer Eltern. Ihre Noten in der Schule waren schlecht, sie stand kurz davor, völlig den Anschluss zu verlieren und eine Schule für lernschwache Kinder zu besuchen. Ich hielt mich im Ausdruck meiner Gefühle zurück. Eigentlich hätte ich Emma die Geborgenheit geben müssen, die sie so dringend brauchte. Nach der sie sich sehnte. Nicht nur nach der Zärtlichkeit von ihrem Vater, sondern auch von mir, ihrer Mutter. Ich war nicht in der Lage, mich meinem Kind liebevoll zu nähern. Ich war traumatisiert. Traumatisiert von all den widerlichen Dingen, die ich erlebt hatte. Vielleicht fehlte mir zusätzlich die nötige Kraft oder der Mut, mich meinem Kind in all meiner Ehrlichkeit zu offenbaren, ich weiß es nicht. *Wenn Markus fort ist, dann hast du die Nerven,*

dich um dein Kind zu kümmern, Julia! Zeig deiner Tochter, dass du eine gute Mutter bist! Mach mit ihr Unternehmungen, gönnt euch etwas, geht hinaus ins Leben und seid glücklich! Mach dir keine Sorgen, was wird, wenn Markus fort ist, das Leben geht immer weiter, und wenn sich eine Tür schließt, öffnet sich eine neue. Auch wenn ihr euch fremd seid, weil ihr bisher keine Zeit miteinander verbracht habt, du schaffst das! Dich trifft keine Schuld, dass dir dein Kind fremd geworden ist. Du musstest arbeiten und das Geld verdienen, während der Vater auf der faulen Haut lag und seinem Alkoholkonsum nachging. Deine Tochter wird merken, dass sie es bei dir besser hat, und ihr werdet zueinander finden. Gib euch eine Chance! Gib deinem Kind eine Chance, und dir!
Mein Gewissen sprach klare Worte. Irgendwie würde ich alles in den Griff bekommen. Mir blieb keine Wahl. Mich weiterhin meinem tristen Dasein und den Brutalitäten von Markus hinzugeben oder endlich meinen Träumen zu folgen und die Segel zu hissen, um auf neuen Kurs zu gehen. Ja, ich hatte Träume. Mit meiner Tochter zusammen glücklich zu sein. Mit ihr zusammen den Sonnenuntergang anzuschauen. Ihr die schönen Dinge des Lebens zu zeigen und mit ihr gemeinsam zu erleben. Niemals würde Emmas Kindheit wiederkehren, und ich hatte bereits so vieles vermasselt in ihrem jungen Leben, was ich nie wiedergutmachen konnte. Viel früher hätte ich mich von ihrem Vater trennen müssen. Das Trauma saß verdammt tief in Emma. In ein paar Jahren würde es uns einholen, dessen war ich sicher. Ihre

Persönlichkeit war gespalten. Mein Kind entwickelte sich nicht so, wie sich Kinder entwickeln müssen. Emma stand ständig unter Strom und war nervlich angespannt. Bald würde es ein Ende haben, und ich konnte Emma wenigstens ein wenig Ruhe in ihr Leben bringen. Das war ich meinem Kind tatsächlich schuldig.

Kapitel 15

Traumatisiert

Nachdem Markus tatsächlich das Feld räumte, weil ihm keine andere Wahl blieb, zog eine beklemmende Leere in meinem Leben ein. Es ist schwer zu beschreiben, aber mir fehlten plötzlich die permanente Anspannung und der Krach um mich herum. Der Reizfluss war verschwunden. Es war ein völlig neues Leben, an das ich mich gewöhnen musste. Eine Stille, die mir beinahe unheimlich vorkam. Niemand schlug mehr die Türen zu. Niemand riss mich nachts aus dem Schlaf. Niemand schrie mehr herum. Niemand beschimpfte mich ununterbrochen und pausenlos. Niemand kommandierte mich. Niemand schrieb mir vor, wie ich meinen Alltag zu gestalten hatte. Es war so verdammt ruhig geworden in meinem Leben, dass ich glaubte, an dieser lautlosen Stille zu zerbrechen. Wenn man jahrelang in der Hölle sitzt und plötzlich im Himmel landet, dann kann man das zunächst wahrscheinlich gar nicht begreifen. Ich war frei.

Endlich frei. Zunächst konnte ich meine Freiheit nicht genießen, weil ich nicht begreifen konnte, dass Markus nicht mehr in mein Zimmer stürmen und mich vergewaltigen würde. Nachts lag ich oft wach und lauschte den Geräuschen draußen auf dem Hof. Immer in der Habachtstellung, dass er nicht doch gleich kommen und mich verprügeln würde. Er im besoffenen Kopf und mit seiner aggressiven, angsteinflößenden Art meine Seele an sich riss. Emma saß tagelang wortlos in ihrem Zimmer. Sie sprach wenig mit mir. Nur das Nötigste „Rufen wir Papa an?“, fragte sie traurig. Jeden Abend wollte sie ihrem Vater Gute Nacht sagen. Sie weinte viel. Natürlich gestattete ich Emma, alle zwei Wochen ihren Vater zu besuchen. Aber ihre täglichen Bitten nach dem Gute-Nacht-Sagen gingen mir gehörig gegen den Strich. Vielleicht war es auch Eifersucht. Dass Emma nichts so sehr liebte, wie sie ihren Vater liebte, brauchte mir niemand erklären. Irgendwann musste das doch aber ein Ende finden…Nach den Besuchen bei ihrem Vater war Emma wie ausgewechselt. Wenn ich glaubte, dass wir doch endlich einen Draht zueinander fanden und wir uns zaghaft annäherten, war sie, wenn sie von Markus zurückkehrte, wie ausgewechselt. Verschlossen, stumm, lustlos und anscheinend innerlich blockiert. Markus schien Emma bewusst zu manipulieren. Gegen mich aufzuwiegeln. Anders konnte ich mir Emmas Wesensänderung nicht erklären. Emma machte es mir verdammt noch mal nicht einfach. Sie akzeptierte nur notgedrungen, bei mir zu wohnen. Die Schärfe, die sich in der Entwicklung der Beziehung zwischen meinem Kind und mir anbahnte, erkannte ich nicht. Manchmal war ich unendlich wütend auf Emma. Warum konnte sie mich nicht so lieben, wie sie ihren Vater liebte? Eines Tages reagierte ich erneut völlig über. Heute bereue ich das natürlich bitter. „Du hast doch gesehen, dass dein Vater mich geschlagen hat, Emma! Warum nimmst du ihn in Schutz?“, schrie ich sie an, als sie an einem Abend wie gewohnt verlangte, ihren Vater anrufen und ihm Gute Nacht sagen zu dürfen. Vor wenigen Wochen nur war Emma Zeuge geworden, wie mich ihr Vater die Treppe heruntergeschubst und in den Schrank geschleudert hatte. Während ich um mein Leben bangte, stand Emma in der Küche und verfolgte das Geschehen in unserem Hausflur. Die Tür stand offen. Aus dem Augenwinkel heraus hatte ich Emma genau gesehen. Regungslos wurde sie Zeuge, wie ihr Vater hemmungslos ihrer Mutter wieder einmal Gewalt antat. Emma schüttelte den Kopf. „Ich kann mich nicht erinnern“, stammelte sie. „Warum lügst du?“ Ich war außer mir. Mein eigenes Kind log, um seinen Vater zu schützen. Ein neunjähriges Kind schwieg eisern. Dass meine Tochter vielleicht für niemanden Partei ergreifen wollte, daran dachte ich nicht. In meiner Wut über die eiskalten Lügen meines Kindes scheuerte ich Emma eine. Natürlich bereute ich das im nächsten Moment zutiefst. Entsetzt blickte Emma auf meine Hand, die sie geschlagen hatte, und hielt sich weinend die Wange. *Oh mein Gott, was hast du getan, Julia? Du darfst dich nicht verlieren, du kannst nicht einfach dein eigenes Kind schlagen, nur weil es nicht das sagt, was du hören möchtest. Wie konntest du nur?* Schnell verdrängte ich das in mir aufkeimende schlechte Gewissen. Emma hatte die Ohrfeige verdient. Lügen waren nicht akzeptabel. Basta. Das würde es bei mir nicht geben. Wenig später, als Emma im Bett lag, weinte ich hemmungslos. Ich war komplett überfordert mit der Erziehung meines Kindes. Ich glaubte wirklich, es mit einer menschlichen Seele zu tun zu haben, zu der ich niemals einen Draht finden würde. Ein Mensch, den ich auf die Welt gebracht hatte, den ich neun Monate lang unter meinem Herzen trug und dessen Persönlichkeit mir absolut fremd war. Spürte ich eigentlich Mutterliebe in mir? Nein. Ich spürte Überforderung, Unmut und tiefsitzenden Hass. An einigen Tagen musste ich mich arg zurücknehmen, nicht den Vater von Emma anzurufen und ihn zu bitten, dass er Emma zu sich nahm. Ich fand keinen Zugang zu Emmas Herzen. Mich machte das traurig und wütend zugleich. Zwischen großen Wäschebergen, Bügeln, Stallausmisten, meiner Arbeit im Discounter, der Pflege unserer Tiere, Rasenmähen, Blumenjäten, Reparaturarbeiten an Stall und Hausgebäude glaubte ich, dem Untergang geweiht zu sein. Es gab Tage, an denen lag ich erst gegen 2 Uhr nachts im Bett und musste um 6 Uhr bereits wieder aufstehen. Meine Laune war gereizt. Immer wieder hielt ich mir im Gegenzug bewusst vor Augen, wie frei ich doch war, seit Markus fort war, und dass ich das alles irgendwie in den Griff bekommen würde, wenn sich der

Alltag eingespielt hatte. *Die Arbeit ist lange nicht so schlimm, wie jeden Tag missbraucht zu werden, Julia!*

Alltag…Urlaubsreif wäre ich gewesen, aber dafür fehlte an allen Ecken und Kanten das nötige Geld. Die Tiere wurden krank, das Auto ging kaputt, die Heizungsanlage fiel aus, das Dach war regendurchlässig, der Stall brach auseinander, im Haus entdeckte ich plötzlich Schimmel an den Wänden, und manchmal glaubte ich, meinen Kopf zu verlieren und alles hinschmeißen zu müssen. Wie sollte eine Frau das alles allein bewältigen? *Du schaffst das! Nicht aufgeben! Markus wartet doch nur darauf, dass du kapitulierst! Den Gefallen wirst du ihm doch wohl nicht tun, Julia! Du bist stark! Halte durch!*

Kapitel 16

Alltag

Die größte Mühe gab ich mir, Emma einen abwechslungsreichen Tagesablauf zu bieten. Wir gingen zusammen mit den Pferden ausreiten, erledigten die Hausaufgaben und fuhren nachmittags in die City zum Shoppen. Das Geld war knapp. Trotzdem kaufte ich Emma alles, was ihr Herz begehrte. Ich stellte meine Bedürfnisse komplett zurück. Wir gingen ins Kino, fuhren regelmäßig zum Essen zum Chinesen oder in die nahegelegene Pizzeria. Alles kostete mich Unmengen an Geld, aber ich zückte ohne zu murren das Portemonnaie.

Mein Kind war es mir wert, dass ich seine Wünsche erfüllte. Wir fuhren zusammen in den Urlaub. 500 Euro hörten den Knall nicht. Im Alltag war mein Tagesablauf gigantisch. Um sechs klingelte der Wecker. Das bedeutete, Emma zu wecken und das Frühstück herzurichten. Während Emma in der Schule war, ging ich meiner Arbeit als Verkäuferin nach. Wenn ich nachmittags nach Hause kam, musste ich Schulaufgaben erledigen, die Tiere versorgen und mich um den Hof kümmern. Mein Tag hätte 48 Stunden gebraucht, um alles erledigen zu können. Nein, ich jammerte nicht. Ich funktionierte in meinem Trott wie ein aufgezogenes Uhrwerk. Allerdings reichte das Geld bald nicht mehr, und ich war gezwungen, einen zweiten Job anzunehmen. Also jobbte ich zusätzlich in einem Imbiss und verdiente mir einen kleinen Obolus dazu. Mein Tag hätte nunmehr 96 Stunden gebraucht, um alles unter einen Hut bringen zu können. Zwischendurch ging ich auf dem Zahnfleisch, aber ich hielt tapfer durch, und auch das Verhältnis zu Emma verbesserte sich zusehends. Zwar im Zeitlupentempo, aber für jeden noch so kleinen Erfolg, der Emma und mich einander näherbrachte, war ich unheimlich dankbar.

Kurz nachdem Markus ausgezogen war, trat Klaus also in mein Leben. Eigentlich wollte ich überhaupt gar keine Beziehung mehr eingehen, aber Klaus ließ irgendwie nicht locker, und seine sympathische Art gefiel mir. Dass er ein wenig merkwürdig war und ich mich oftmals über seine Eigenheiten wunderte, machte ihn als Mensch eigentlich umso interessanter. Er war so ganz anders als Markus. Während Markus sehr cholerisch und stets aufbrausend war, verkörperte Klaus den ruhigen, ausgeglichenen Fels in der Brandung. Eigentlich war Klaus genau der Mann, den ich brauchte. Ihn schichte der Himmel. Ihm gelang das wundervolle Kunststück, mich ein wenig von einem Actionpegel auf den Boden der Tatsachen herunterzubringen. Ich war dauernd in Bewegung und hatte niemals Zeit, auszuruhen. Klaus zwang mich, Auszeiten zu nehmen. Mit Emma kam er anfangs sehr gut zurecht. Da er gelernter Erzieher war, hatte er mein Kind bestens im Griff. Dass es zwischen Emma und mir Komplikationen in der Kommunikation unseres Alltags gab, entging ihm allerdings nicht. Er sprach mich darauf an und maßregelte mich auf die sanfte Art und Weise. „Du musst ruhiger werden, Julia! Emma spürt deine Nervosität und Überarbeitung. Das wirkt sich auf ihre Entwicklung und Psyche negativ aus." Klaus war eine enorme Entlastung und irgendwie auch eine ungemeine Bereicherung für mich. Wenn er bei uns zu Besuch war, kümmerte er sich fürsorglich um Emma, während ich mit meinem Tagesprogramm beschäftigt war. Die beiden fuhren zum See und gingen schwimmen, sie spazierten mit unserem Hund durch den Wald, und Klaus war ein so wundervoller Lehrmeister für mein Kind. Mit seiner Weltanschauung und seiner Intelligenz punktete er bei mir ungemein. Es gab nichts, was Klaus nicht gewusst hätte, keine Frage, auf die er nicht eine

Antwort gehabt hätte. Aus der Gewohnheit und einer anfänglichen Zweckbeziehung wurde irgendwann tatsächlich Liebe. Besonders im Bett verstanden wir uns hervorragend. Allerdings gab es auch dort ein paar Ungereimtheiten. Zunächst dachte ich mir nichts dabei. Wenn ich heute den Verlauf unserer Beziehung Revue passieren lasse, dann schlage ich die Hände über dem Kopf zusammen, dass ich so blind war für all das, was ich an Klaus übersah. Wahrscheinlich war ich auch viel zu sehr überarbeitet und von der letzten Beziehung gebrandmarkt, um zu erkennen, dass ich tatsächlich einem Blender auf den Leim gegangen war. Klaus war der Mann, der die Frauen verstand. Er redete mir nach dem Mund, und es tat mir so unheimlich gut. Sein Einfühlungsvermögen ließ mich dahinschmelzen. Die Berührungen seiner Hände wollte ich nicht mehr missen. Ich sehnte mich nach Klaus' Zärtlichkeiten und nach dem Sex mit ihm. Dass Klaus, während wir miteinander schliefen, niemals zum Orgasmus gelangte, wunderte mich zwar, aber ich konnte es nicht zuordnen. Ich glaubte Klaus' Worten, mit denen er sich erklärte. Ich sollte es nicht auf mich beziehen, er sei derzeit etwas angeschlagen, beruhigte er mich. Als er aber plötzlich noch nicht einmal mehr einen hochkriegte, verwunderte mich das doch sehr. Ich glaube sehr wohl, wenn man jemanden liebt, dass man ihn körperlich begehrt. Das schönste Kompliment eines Mannes ist nun einmal sein Ständer. Die Situation, dass sich bei Klaus nichts mehr regte, machte mich betroffen. Das erste Mal, dass ich an

Klaus' Liebe zweifelte. Klaus umging das Problem sehr galant, indem er aus der Apotheke Viagra besorgte. Sein bestes Stück stand wieder wie eine Eins. Zu einem Orgasmus gelangte er dennoch nicht. Unsere Beziehung war außergewöhnlich – und ziemlich kompliziert, wenn ich ehrlich bin. Klaus war dauerhaft pleite. Geld besaß er keins. Also musste ich für ihn notgedrungen auch noch das Portemonnaie zücken, wenn ich auf die Lebensqualität in meiner Beziehung nicht verzichten wollte, während ich Emma finanziell bereits überhäufte, weil ich irrtümlicherweise glaubte, mein Kind und seine Liebe wären käuflich. Wenn wir in den Urlaub fuhren, bezahlte ich komplett alles. Vom Hotelaufenthalt über das Essen, die Parkgebühren für das Auto am Strand, den Sprit für die An- und Abreise und andere Kleinigkeiten. Aus den Kleinigkeiten wurde schnell ein Vermögen, und ich überlegte tatsächlich, wie ich das finanziell alles stemmen sollte, wenn ich auf Klaus nicht verzichten wollte. Ein dritter Job musste her. Eine Arbeit, die ich nachts erledigen konnte, weil mir tagsüber die Zeit fehlte. Auf Klaus wollte ich keinesfalls verzichten. Ich liebte diesen Menschen sehr. Auf die Idee, dass er mich nur ausnutzte und sich in meinem Lichtstrahl sonnen und ausruhen wollte, daran glaubte ich nicht. Ich fand tatsächlich einen weiteren Job. Ich schrieb Bücher. Nachts. Woher die Ideen anfänglich kamen, kann ich sehr gut beantworten. Aus meinem eigenen Leben. Mit den Pferden gab es immer Geschichten, die nicht alltäglich waren. Humorvolle und berührende

Geschichten, die kein menschliches Herz kaltließen. Also schrieb ich in den Nächten Pferdegeschichten. Klaus, der literarisch sehr bewandert war, rümpfte die Nase über mich und meine in seinen Augen verrückte Idee. Natürlich tat er es wie gewohnt, alles auf die sanfte, liebevolle Art und Weise. Verletzend mir gegenüber war er selten. „Mit der Schreiberei kann man kein Geld verdienen, Julia", resümierte Klaus und versuchte, mich sanft, aber bestimmend auf den Boden der Tatsachen zurückzuholen. Er wertete meine Bemühungen ins Tiefste ab, wollte mir die Schreiberei nach allen Regeln der Kunst ausreden. Zeitverschwendung wäre das. Mittlerweile wäre die Autorenbranche so schlecht, dass nicht einmal mehr namhafte Autoren eine Chance auf dem breitgefächerten Markt hätten. Klaus wollte meine Bemühungen, ihm einen Gefallen zu tun, absolut zunichtemachen. Den Grund, warum ich mich zusätzlich in den Nächten an meinen Computer setzte, den erkannte er nicht. Das Geld brauchte ich doch für ihn, für uns …die gemeinsamen Urlaube … Wenn ich uns weiterhin Glitzer ins Leben streuen und uns, närrisch gesagt, ein Einhorn kaufen wollte, wie sollte ich das alles finanzieren? Wie sehr mich der Zustand Klaus' finanziellen Engpasses belastete, das nahm er nicht wahr. Klaus brauchte dringend Geld, und ich sorgte mich darum, wie ich es ihm beschaffen konnte, während er mir die Ideen, wie es klappen könnte, ausredete. Wahrscheinlich war er gekränkt, weil die Schreiberei eigentlich sein Metier war, und nicht meins.

„Herzlichen Glückwunsch zu diesem Idioten!“, gratulierten mir meine Freunde. Emma schüttelte ebenfalls fassungslos den Kopf, als ich mitten in der Nacht ins Bett ging und ihr auf die Frage, wo ich herkäme, erklärte, dass ich Bücher schrieb. „Weil Klaus Geld braucht, schreibst du Bücher mitten in der Nacht?“, fragte sie entsetzt. Emma war mittlerweile zwölf Jahre alt. Klaus kannte ich seit gut drei Jahren, und ich half ihm finanziell, so gut ich konnte, hielt diesen Umstand allerdings zunächst geheim. Vor meinen Freunden, Emma und meiner Familie. Für Klaus verkaufte ich sogar mein Lieblingspferd, weil er einmal wieder eine größere Summe Geld brauchte. Es zerriss mir mein Herz. Das Pferd liebte ich über alles, aber für Klaus hätte ich all das, was mir lieb war, hergegeben. „Dreh den Geldhahn mal zu!“, gab mir eine Freundin einen guten Rat. „Dann wirst du sehen, was mit ihm los ist!“ Das hätte ich gar nicht übers Herz gebracht, Klaus nicht mehr zu unterstützen. Den Menschen, den ich liebte, leiden zu sehen, das hätte mir ebenfalls das Herz gebrochen. Ich gab mich zunächst mit allem, wie es in der Beziehung zu Klaus lief, zufrieden. Sexuell gelangte ich auf meine Kosten, und mit dieser Feststellung hatte ich in meinem Leben schon einen gewaltigen Sprung nach vorne gemacht. Sex als etwas Angenehmes zu empfinden war mir lange Zeit nicht möglich gewesen durch die schrecklichen Erfahrungen mit Markus. Dass es überhaupt noch einmal möglich sein würde, daran hätte ich niemals geglaubt. Klaus brachte mich zu wunderbaren Orgasmen. Wir besuchten diverse Einrichtungen. Etablissements, in denen wir gemütlich die Füße hochlegten und uns einen Tabledance ansahen. Wir tobten uns im wahrsten Sinne des Wortes im sexuellen Bereich richtig aus. SM liebten wir beide, und Klaus war in dem Bereich sehr offen. Es machte Spaß mit ihm. Dass er sich pausenlos mit Viagra zudröhnte, nahm ich billigend in Kauf. Eigentlich war alles, was wir zusammen unternahmen, für mich grandios. Ob wir gemeinsam in den Sonnenuntergang am Strand schlenderten, in einer Sexshow unseren Phantasien freien Lauf ließen, das Steakhouse besuchten oder uns einfach wichtigen Gesprächen hingaben, ich war glücklich mit Klaus. Auch wenn er nicht zum Orgasmus gelangte. Das spielte für mich irgendwann gar keine entscheidende Rolle mehr. All die Zärtlichkeit und Nähe, die er mir gab, waren so viel mehr wert für mich. Natürlich ist es ein menschliches Bedürfnis, das Glück halten zu wollen. Klaus wollte ich auf Biegen und Brechen in meinem Leben festhalten. Ohne ihn, das wäre gar nicht mehr denkbar für mich gewesen. Mein Pech war, dass in meiner letzten Beziehung alles falsch lief, was nur irgendwie falsch laufen konnte, und ich Erfahrungen gemacht hatte, die mich auf anderen Gebieten blind durch das Leben wandeln ließen. Missbraucht, geschlagen, gedemütigt, emotional ausgebeutet und ausgenutzt, war ich für das kleine Glück im Leben sehr empfänglich. Dass mich jemand finanziell ausnutzen könnte, war mir ein befremdliches Gefühl. Ich hatte es niemals zuvor erlebt. Ich glaube, nur wenige Menschen verstehen, wie sehr einen auch die kleinen Dinge im Leben glücklich machen können, wie ich es verstanden habe. Jahrelang war ich zutiefst unglücklich gewesen, weinte still, leise und heimlich in meine Seele hinein, und plötzlich öffnete sich der Himmel für mich. Er schickte mir einen Menschen, der mir all das gab, nach dem ich mich jahrelang vergebens gesehnt hatte und was mich glücklich machte. So einen Menschen, den willst du doch nie wieder hergeben. Ich bekundete Klaus meine Liebe. Sagte ihm, wie glücklich er mich machte. Er nahm alles sehr gelassen und eher gefühlskalt entgegen. Freude und Euphorie zu zeigen waren nicht unbedingt seine Stärken. Eigentlich war dieser Mensch von einer dramatischen Dunkelheit umgeben, die mich wenig später das Fürchten lehrte. Niemals sagte er mir, dass er mich liebte. Wenn ich ihn darauf ansprach, wich er mir aus. „Ich bin nicht der Mann für dieses Süßholzraspeln!“, redete er sich galant aus der Affäre. Ich glaubte ihm. Ihm hätte ich alles geglaubt. *Festhalten. Festhalten an dem Glück, Julia! Denk an die wunderbaren Orgasmen, die dir dieser Mensch beschert! Sein Einfühlungsvermögen, eure gemeinsamen Gespräche, sein Blick, in ihm liegt deine Liebe! Er ist der Mensch, der dich glücklich macht! Kämpfe, dass du dieses Glück behältst! Du lebst nur einmal…*

Warum ich Klaus tatsächlich wenig später den Geldhahn zudrehte, kann ich gar nicht genau sagen. Ich glaube, es war meine innere Stimme, die immer mehr durchdrang und mir signalisierte, dass Klaus es nicht ehrlich mit mir meinte. Ich benutzte eine Ausrede, als ich Klaus gestand, dass ich nicht länger den Goldesel für ihn spielen wollte. „Eigene finanzielle Sorgen“, erklärte ich ihm meine missliche Lage, obwohl es gelogen war. Irgendwie gelang mir das Kunststück, tatsächlich ein wenig Geld mit den Büchern zu verdienen, und wenn ich ehrlich bin, lag Klaus mein Erfolg schwer im Magen. Das hemmte meine Zahlungsbereitschaft ungemein. Ich riss mir den Hintern auf, dass ich genügend Geld hatte, um Klaus mit durchzuziehen, und er belächelte mich wie ein kleines Mädchen, das einem großen, sich unmöglich zu erfüllenden Traum hinterherjagte. Meine Lorbeeren wollte er aber dennoch gern entgegennehmen. „Jahrelang probiere ich, irgendwo Fuß zu fassen in der Welt der Literatur, und dann kommst du daher und schreibst einen Bestseller nach dem anderen, wie ist das möglich?“, fragte er erstaunt. Meine Bücher las er alle nicht. Keinerlei Interesse zeigte er an dem, was ich schrieb, und damit enttäuschte er mich haltlos. „Ich bin nicht in der Verfassung, solch ein schwerwiegendes Thema zu lesen“, flüchtete er sich in Ausreden. *Schwerwiegendes Thema? Was meinte er denn damit? Meine Pferdegeschichten?* Klaus’ Art stieß mir sauer auf. Ich tat alles Mögliche, dass wir an Geld gelangten. Landete in der Bestsellerliste auf den ersten Rängen, mit meinen Büchern, die in einsamen Nächten entstanden waren. Hervorgezaubert irgendwo aus dem Nirgendwo.

Zwischen Haushalt, Kind, Pferdehof und zwei anderen Jobs, wenn Klaus nicht zugegen war. Meine eigene Freude über den nicht zu erwartenden Erfolg war riesengroß. Weniger über den Erfolg selbst, als vielmehr darüber, dass ich finanziell endlich in der Lage war, Klaus' Kredit abzulösen, der ihn seelisch schwer belastete. Immer wieder hatte er mir davon erzählt. Von einer Kreditkarte, die ihm das Genick brach. Allein wegen der Zinsen, die er nicht mehr tilgen konnte. „Soll er sich doch eine Arbeit suchen!" Meine Freundin zeigte keinerlei Verständnis. Mit dem größeren Geldbetrag, das sollte eine Überraschung für ihn werden. Das Geld wollte ich Klaus eines Tages auf sein Konto überweisen. Ich glaubte, er würde sich riesig freuen, und endlich hätten wir glücklich sein können. Klaus' Schwermut lag mir bitter im Magen. Bald wäre er befreit, denn er konnte sich anscheinend an nichts erfreuen, was ihm zu einem besseren Leben verhalf, außer an Geld. An seinem Glück, das in der Zukunft lag, war ich größtenteils beteiligt. Sein finanzieller Zustand war von meinem Durchhaltevermögen abhängig. Während ich mein Glück völlig in den Hintergrund schob, stellte ich seines immer mehr in den Vordergrund. Allerdings drehte sich meine Einstellung urplötzlich, und ich glaube, es war eine Art, ihn auf die Probe zu stellen, als ich Klaus sagte, dass ich ihm finanziell nicht mehr aushelfen könnte. Ich wollte es wissen. Wissen, was passieren würde. Klaus zog sich tatsächlich von mir zurück. Damit hätte ich niemals gerechnet. Es traf mich übel. Ein Degen, der sich mitten ins Herz bohrte. Niemals hätte ich damit gerechnet, dass Klaus mich tatsächlich nur vom Geld abhängig machte. Ich war also nur willkommen in seinem Leben, wenn ich bezahlte. Wenn ich einen Menschen liebe, dann mache ich die Liebe nicht vom Geld abhängig! Für mich brach eine Welt zusammen, als ich die Wahrheit erkannte. „Ich bin doch gar nicht frei, Julia!“, jammerte Klaus am Telefon. „Finanziell kann ich dir nichts bieten, das hat keinen Zweck mit uns!“

Kapitel 17

Der Kampf

Ich kämpfte. Um die Beziehung zu Klaus. Allerdings wollte ich es nicht mehr vom Geld abhängig machen. Klaus musste mich einfach lieben, das konnte doch nicht alles vorgespielt und erlogen gewesen sein, was wir zusammen erlebt hatten. Ich fuhr zu ihm, rief ihn an, redete mit Engelszungen auf ihn ein, unserer Beziehung eine Chance zu geben. Klaus zog den Schlussstrich. Gnadenlos. Jeden Tag glaubte ich, dass er irgendwann anrufen und sich entschuldigen würde. Dass er nach mir jammern würde. *Ich vermisse dich, ich brauche dich, ich will dich, ich kann nicht ohne dich, es war eine gute Zeit mit dir, bitte komm zurück, es war ein Fehler, dich fortzuschicken! Danke für alles, ich war zu blind, um zu sehen, was du alles für mich gegeben hast, Julia! Bitte!*

Komm zurück! Zurück zu mir! Du bist das Beste, das mir je passiert ist. Ich glaubte, dass es von ihm kommen würde. Es konnte sich nur um eine Frage der Zeit handeln. Entweder in einer E-Mail, in einem Brief oder per Anruf würde er mir seine Liebe gestehen. Nichts dergleichen geschah. Funkstille. Von Klaus fehlte jegliche Spur. Ich war diejenige, die jammerte und weinte. Mein Leben entglitt mir. Emma war Nebensache für mich. Ich nahm mein eigenes Kind nicht mehr wahr. Liebeskummer ist etwas ganz Schreckliches. Ich gab mich voll und ganz meiner Verzweiflung hin, dass ich tatsächlich auf einen Betrüger hereingefallen war. Nervlich war ich am Ende. Emma suchte immer wieder das Gespräch mit mir. „Es ist gut, dass Klaus endlich weg ist!“, sprach sie erleichtert. Ich registrierte ihre Worte nicht. Ich nahm um mich herum gar nichts mehr wahr. Ich funktionierte einfach roboterhaft und erledigte meine Pflichten. Überall fiel es auf, dass ich zutiefst unglücklich war. Meinem Chef, meiner Mutter, meinen Freunden. „Du hast doch alles, was du brauchst!“, sagte meine Mutter. Sie verstand meinen Kummer nicht. „Mensch, scheiß auf den Kerl, du findest doch an jeder Ecke einen anderen, Kind!“, versuchte sie mich auf den Boden der Tatsachen zurückzuholen. Ja, das mochte vielleicht sein, dass ich Chancen hatte auf dem Heiratsmarkt, aber ich wollte Klaus und sonst niemanden. Ich liebte diesen Kerl, das konnte mir niemand verübeln. Wenn das Herz etwas will, dann soll man mit ihm in eine dunkle Gasse gehen und es so lange verprügeln, bis es etwas anderes will. Wenn es so einfach gewesen wäre, ich hätte es getan. Mein Herz war so sehr vernarbt von all den Dingen, die sich in meinem Leben abgespielt hatten, dass ich glaubte, nachdem mich Klaus verließ, ich säße im tiefsten Loch überhaupt. Dass es noch eine Etage tiefer ging, lehrte mich einige Wochen später mein eigenes Kind. Emma und ich stritten oft in der letzten Zeit. Es lag an meiner Unzufriedenheit. Klaus war fort. Mit ihm zog das Glück aus meinem Leben aus. Ich fühlte mich schrecklich. Emotional am Ende. „Du hörst mir überhaupt nicht mehr zu!“, schimpfte Emma. Ja, sie hatte recht. Ich hörte ihr nicht zu. Ich besaß gar nicht mehr die Kraft und die Nerven, dem Gejammer meines Kindes zu folgen, was es für Sorgen auf dem Herzen hatte, weil mein eigenes so schwer geworden war. Eine verzwickte Situation. Mein Kind entglitt mir wieder einmal, obwohl wir erst so mühsam zusammengefunden hatten. Ich war Emma eine schlechte Mutter, das gebe ich zu. Ich hatte weder Zeit für sie noch ein offenes Ohr für ihre Sorgen und Nöte. Emmas Kummer zog an mir vorbei wie ein Schnellzug. Ihr Schmerz erreichte mich nicht. Ich war zu sehr mit meinem eigenen beschäftigt. Als ich glaubte, doch so langsam die Kurve zu kriegen und mein Leben sortieren zu können, meldete sich Klaus plötzlich wieder bei mir. Er klang so verzweifelt. Bei ihm hätte sich alles unheimlich verdichtet. Er sprach von Privatinsolvenz und weinte bittere Tränen am Telefon. Er wäre so verzweifelt, dass er sich vor einen LKW oder einen Zug stürzen wollte. Seine Worte machten mir Angst. „Ich helfe dir!“, sagte ich, ohne zu überlegen. Ich war so glücklich, dass Klaus sich gemeldet hatte. Alles würde gut werden, glaubte ich erleichtert. Ich hatte das nötige Geld, um Klaus aus seinem Kummer zu befreien. Ohne zu überlegen, war ich bereit, ihm alles zu geben, was ich erwirtschaftet hatte, nur um ihn halten zu können. Seinen Kredit abzulösen und ihm noch ein Taschengeld obendrein zu bezahlen, damit er endlich einmal leben konnte, das wollte ich ihm ermöglichen. Leben! Leben bedeutet, einmal hinauszugehen in die Welt und nicht fragen zu müssen, wie viel Geld man in der Tasche haben muss, um glücklich zu sein.

„Was macht dich eigentlich glücklich, Julia?“ Meine Freundin nervte mich einmal wieder mit lauter üblen Fragen, die mir an die Psyche gingen. Sie rief mich an, und ich berichtete ihr voller Freude, dass Klaus sich gemeldet hatte. Ich glaubte, sie würde sich für mich freuen. Fehlanzeige. Sie schimpfte wie ein Rohrspatz. „Ich bin glücklich, wenn Klaus glücklich ist“, versuchte ich ihr wahrheitsgemäß zu erklären. „Was ist mit Emma? möchtest du nicht mal dein Kind glücklich machen? Wie viel bedeutet dir ein Lächeln im Gesicht deiner Tochter?“ Meine Freundin war gnadenlos. Wie immer. Ihre Fragen hagelten auf mich ein. Ich überlegte. Emma wünschte sich seit längerer Zeit ein eigenes Pferd. Ich fuhr mit ihr zum Reitunterricht, und sie verliebte sich dort unsterblich in ein Pferd. Ich war bereit, es zu kaufen, verlangte aber, dass ihr Vater finanziell einen kleinen Anteil beisteuerte. Emma bettelte bei ihrem Vater auf Teufel komm raus. Das Pferd war ihr plötzlich so wichtig wie nichts anderes in ihrem Leben. Dass wir einen ganzen Stall voller Pferde hatten, interessierte sie komischerweise weniger. Ihr Vater lehnte dankend ab, einen *Gaul* zu kaufen, wie er es nannte. Innerlich jubelte ich. Ein klein wenig. Emma war enttäuscht über ihren Vater, und ich sammelte bei ihr währenddessen einige Pluspunkte in der Elternkartei hinsichtlich der Beliebtheitsliste. Ich kaufte das Pferd und erfüllte Emma damit einen Herzenswunsch. Zunächst atmete ich auf. Alles schien wieder in geregelten Bahnen zu laufen. Klaus würde ich finanziell aus der Patsche helfen, und Emma war ein glückliches Kind. Mit ihrem Pferd. Ich war glücklich, Klaus glücklich machen zu können. Es lief alles bei mir. Kein Grund zur Panik also. Ein kleines Problem gab es allerdings noch. Auf das Geld musste ich warten. So schnell wurde es nicht ausgezahlt für den Verkauf der Bücher. Klaus sollte sich noch vier Wochen gedulden. Ob er solange durchhielt? Die Frage schwirrte mir massiv im Kopf herum, ich spürte, dass Klaus äußerst depressiv war – und die Uhr tickte. Sein Weinen am Telefon, die Verzweiflung, dass er über einen möglichen Suizid nachdachte und sich an nichts erfreuen konnte, das war absolut nicht normal. „Wenn es mir finanziell besser geht, kommt die Lebensfreude bestimmt zurück“, beruhigte er mich. Ja, daran glaubte ich auch. Besser gesagt, daran wollte ich glauben.

Einige Male bat Emma mich, ihr bei ihrem Pferd behilflich zu sein, ihr Reitunterricht zu geben und sie zu fördern, denn sie wollte gern an einem Turnier teilnehmen. Einmal gelang es mir tatsächlich, Zeit zu opfern, um mit ihr zu einem nahegelegenen Turnier zu fahren. Emma belegte sogar den ersten Platz. Sie war so stolz und glücklich an diesem Tag, während es mir noch nicht einmal gelang, meine Tochter in den Arm zu nehmen und sie für ihre tolle Leistung zu loben. In meinem Kopf kreisten die Gedanken ausschließlich um Klaus. Nichts anderes war mehr wichtig. Klaus hier, Klaus dort. Klaus, Klaus, Klaus. Nach dem Turnier schlief meine Begeisterung für Emma und ihren Reitsport recht schnell wieder ein. Zu erschöpft fühlte ich mich von dem vielen Arbeiten. Mir fehlte die Kraft, mich abends nach getaner Arbeit hinzustellen, um meinem Kind Reitstunden zu geben. Im Grunde genommen war ich körperlich fix und fertig. Ein Burnout lauerte in mir. Als er hervorkroch, steckte ich ihn irgendwie weg. Ich musste stark sein. Für Klaus. Also ließ ich Emma mit ihren Pferdesorgen allein und schrieb wie besessen an meinen Büchern weiter, in der Hoffnung, der Geldbetrag würde rasch ansteigen. Während mein Kind auf wertvolle Tipps für ihr geliebtes Pferd und auf eine seelische Unterstützung von mir wartete, ließ ich Emma im Regen stehen. Emmas Tränen sah ich nicht. Meine Tränen sah auch niemand. Glaubte ich deshalb, ein Recht zu besitzen, mein eigenes Kind zu übergehen und es in meiner herzlosen Art demütigen zu dürfen? Nur weil auch ich von niemandem geliebt wurde? Emma und ich lebten aneinander vorbei. Wir tauschten keine Zärtlichkeit mehr aus. Kuschelten nicht mehr miteinander. Sagten uns keine liebevollen Worte. Jeder ging seinen Weg. Plötzlich wurde das Pferd von Emma schwer krank. Zu dem Zeitpunkt übernachtete Emma das Wochenende über bei ihrem Vater, als ich mit dem Tier Hals über Kopf in die Tierklinik fahren musste, weil es um Leben und Tod des Pferdes ging. Eine schwere Kolik hatte das Pferd heimgesucht. Das Tier wurde sofort in der Klinik operiert. Emma rief mich nicht an. Sie fragte nicht, was mit dem Pferd passiert war. Das machte mich unglaublich wütend. Zuerst bekniete sie mich, ihr dieses Pferd zu kaufen, nichts war ihr wichtiger als dieses verdammte Pferd, und dann wurde es krank - und es war ihr scheinbar völlig egal. Das konnte nicht meine Tochter sein. Ein solches Verhalten würde ich jedenfalls nicht dulden. Ich war stinksauer und schwor mir, wenn Emma nach Hause kommen sollte, dass sie ihr blaues Wunder erleben würde. So geschah es dann auch. Ich nahm sie richtig zur Brust. Ich hielt sie äußerst grob am Arm fest und schrie sie an, wie herzlos sie wäre und dass sie nicht die Prinzessin auf der Erbse sei. Ihr Verhalten wäre abartig und für mich nicht länger zu ertragen. Ich beschimpfte Emma nach allen Regeln der Kunst, sagte ihr, dass ich sie in eine Pflegefamilie stecken würde. Was glaubte diese kleine Rotzblage eigentlich, wen sie vor sich hatte? In meinen Augen lief mein Kind völlig neben der Spur. Absolut missraten. Emma war mir in allem plötzlich so unglaublich lästig geworden. Je weiter die Zeit voranschritt und je älter mein Kind wurde, desto mehr spürte ich die Disharmonie zwischen uns. Ihr Verhalten, ihre Art, ich empfand es als etwas ganz Fürchterliches, meinem eigenen Kind gegenüberzustehen, das mich in seinem Verhalten einfach nur noch enttäuschte. Emma schlug anscheinend total in die Richtung ihres Vaters aus, trat in seine Fußstapfen. „Du bist genauso grauenvoll wie dein Vater!“, schrie ich sie an. Ungehemmt und ohne Reue vollzog ich zuhause einen Affentanz, der sich gewaschen und der gesessen hatte. Das Ende vom Lied war schließlich, dass ich Emma eine klatschte. Das war das zweite Mal in zwölf Jahren, dass mir die Hand ausrutschte. Unverzeihlich, aber zu dem Zeitpunkt befand ich mich meiner Meinung nach völlig im Recht. „Ich stecke dich ins Heim!“, schimpfte ich weiter. Ich redete mich komplett in Rage. Emma weinte und hielt sich ihr schmerzendes Gesicht. Ich hatte ihr eine Ohrfeige verpasst. Eine heftige. „Glaub ja nicht, dass du zu deinem Vater gehst!“, setzte ich noch einen obendrauf. Ich war so außer mir, ich hatte völlig die Kontrolle verloren.

Kapitel 18

Schwarzer Hund

„Julia, ich kann nicht mehr!“ Klaus rief mich an. Völlig aufgelöst war er. Beim Sozialdienst sei er gewesen, und mit der Privatinsolvenz, das würde er nervlich nicht durchhalten, stammelte er am Telefon. „Mir wird das alles zu viel, ich habe den Überblick verloren, Julia.“ „Ich schaffe es nicht mehr.“ „Pack deine Sachen zusammen, ich hole dich ab“, sagte ich entschlossen, unabhängig davon, dass mir die Probleme ebenfalls bis zum Hals standen, und ohne weiter darüber nachzudenken, ob es eine gute Idee war, Klaus zusätzlich bei mir aufzunehmen. Der Streit zwischen Emma und mir war nicht gerade ein fröhliches Ereignis. Für mich war es keine Frage, einem Menschen in Not zu helfen. Ich liebte Klaus. Für ihn wäre ich bis ans Ende der Welt gefahren– und noch weiter. „Nach der Arbeit komme ich“, beruhigte ich ihn. Klaus schien erleichtert und beruhigt. An dem Tag arbeitete ich zunächst im Discounter, danach im Imbiss, und fuhr spätabends noch die knapp einhundert Kilometer, um Klaus abzuholen. „Das ist nicht dein Ernst, oder?“ Mein Chef schüttelte über meine geplante Aktion verständnislos den Kopf. „Der Typ verarscht dich doch nur, und du kriechst ihm in den Hintern, das verstehe ich nicht!“ Ich ließ mich nicht aufhalten. Für Klaus wäre ich bis in die Hölle gefahren, durch sie hindurch und wieder zurück. Wie verrückt man sein konnte, wenn man aus tiefstem Herzen verliebt war.

Dass ich während der Fahrt keinen Baum streifte, oder in ein anderes Auto hineinfuhr, grenzte an ein Wunder. Völlig übermüdet war ich, als ich Klaus an seinem Wohnort erreichte. Klaus sah wirklich fertig aus, als er die Treppen zu meinem Auto hinunterstapfte. So ausgelaugt vom Leben und von allen guten Geistern verlassen. Er tat mir leid. Meine Güte, mit meiner großen Liebe stimmte tatsächlich irgendetwas nicht. Mitgenommen und irgendwie abgewrackt, stieg Klaus mit hängendem Kopf in mein Auto. Der Begrüßungskuss fiel knapp aus. Lieblos. Eine eisige Kälte spürte ich zwischen uns, die ich in der Art zuvor niemals gespürt hatte. „Wie geht's?“ Vorsichtig nahm ich seine Hand und berührte sie sanft. Klaus wandte seinen Blick zu mir. Skeptisch schaute er drein. Gedanklich schien er ganz weit fort zu sein. Am anderen Ende der Welt vielleicht. Abseits jeglichen Glücks, fern jedweder positiver Gefühle. Regungslos und kaputt kauerte dieser Mensch in sich zusammengefallen auf meinem Autositz und überließ den weiteren Lauf der Dinge anscheinend komplett mir. Sein Leben schien er in meine Hände zu legen. Seine zusammengefallene Körperhaltung jagte mir Angst ein. Kurzzeitig dachte ich an den Tod. Er schien ihm nahe zu sein. Sehr nahe. Menschen können aus Trauer in ihren Seelen sterben, sie müssen dafür keinem körperlichen Gebrechen erliegen, um ins Jenseits zu gehen. Klaus war vom Weltlichen abgewandt. „Wir schaffen das!“, versuchte ich ihn aufzumuntern. Er lächelte mich an. Aus leeren, traurigen Augen, sie waren mit Tränen gefüllt. „Ich habe keine Perspektive mehr, Julia!“ Klaus zog an dem Anschnallgurt und versuchte nervös, ihn in die Vorrichtung einzuhaken. Es gelang ihm nicht gleich, und ich glaubte, er würde den Gurt abreißen, weil er so brutal an ihm zerrte. Sanft nahm ich den Gurt an mich und steckte ihn mit einem Klick in den Schnapper. *Ihr seid beide so kaputt, Julia! Du bist fertig vom vielen Arbeiten, und Klaus ist völlig fertig vom Leben! Ihr beide passt königlich zusammen! Es ist nur eine Frage der Zeit, wem von euch beiden zuerst die Lichter ausgehen. Wirst du die Kraft haben, Klaus wiederaufzubauen? Er hat überhaupt keinen Lebenswillen mehr, wie soll das gehen? Scheinbar haben ihn seine finanziellen Sorgen tatsächlich innerlich aufgefressen. Liebe wirst du von diesem Menschen nicht mehr zu erwarten haben! Willst du ihn nicht besser zuhause lassen? Willst du dir das obendrein zumuten? Dein Leben ist anstrengend genug, wann denkst du endlich einmal an dich? Dieser Mensch hat dir nichts mehr zu geben. Was willst du von ihm? Wie viel Kraft glaubst du eigentlich in dir zu haben? Wie dumm bist du, kleines, blindes Mädchen? Liebe heißt doch nicht, sich selbst hinzurichten, oder? Diesen Kampf, glaubst du ehrlich, du kannst ihn gewinnen? Klaus braucht fachmännische Hilfe, und du kannst nicht die ganze Welt retten!* Oh doch! Ich kann die ganze Welt retten, wenn ich das will. „Ich weiß wirklich nicht, wie es weitergehen soll.“ Klaus seufzte tief und blickte gedankenverloren aus dem Fenster in die Dunkelheit, während ich uns nach

Hause fuhr. Seine Hand ließ ich während der Fahrt nicht einmal los. Geduldig und einfühlend redete ich ihm gut zu. „Ich habe genug Geld, Klaus, ich helfe dir. Aber du brauchst ebenso fachmännische Hilfe, bei dir im Leben gibt es scheinbar nur noch Dunkelheit. Aus diesem Loch musst du wieder heraus! Du brauchst Lebensfreude.“ Klaus lachte bitter über meine gutgemeinten Worte und Ratschläge. „Lebensfreude? Was ist das denn bitte schön? Ich kann mir nichts mehr leisten, der Geldhahn ist zugedreht, von der Bank bekomme ich kein Geld mehr und meine Rente reicht hinten und vorne nicht! Bald kommt der Kuckuckmann und klebt mir überall Aufkleber drauf, dass alles gepfändet ist. Wobei es bei mir ja gar nichts zu pfänden gibt!“ „Und wenn wir dir eine Arbeit besorgen?“ Ängstlich dachte ich an meine letzten Versuche, Klaus zum Arbeiten zu animieren, die gänzlich fehlgeschlagen waren. „Irgendwo einen kleinen Nebenjob?“, fragte ich vorsichtig. „Du könntest für mich arbeiten, du lektorierst meine Manuskripte, ich bezahle dich dafür.“ Klaus war in Grammatik und Rechtschreibung viel besser zugange, als ich es war, und für ihn wäre es ein Kinderspiel gewesen, sich vor das Laptop zu setzen und meine Geschichten nachzusehen und sie zu korrigieren. „Ja, das könnte ich wohl tun.“ Klaus nickte zustimmend. Überzeugend klang das nicht. Die nächsten Tage bei uns zuhause wurden zur Zerreißprobe. Emma, Klaus und ich unter einem Dach. Eine hochexplosive Mischung. Emma nervlich vorbelastet durch unsere vielen zurückliegenden

Streitigkeiten, Klaus schwer depressiv und ich völlig überarbeitet. Irgendwie würde ich das schaffen, uns alle über Wasser zu halten. Woher ich die Kraft nahm, keine Ahnung. „Was machst du mit dem Geld aus deinen Büchern?", fragte Emma neugierig. Sie war stolz darauf, dass ihre Mutter so erfolgreich Bücher schrieb. „Bald bist du berühmt auf der ganzen Welt!" Eigentlich hätte ich Emma für ihre liebevollen, ehrlich gemeinten Worte in den Arm nehmen müssen. Jedoch rannte ich blind durch die Gegend und ließ mein Kind links liegen. Besessen davon, Klaus aus seiner finsteren Lebenslage zu befreien und Geld zu verdienen. „Ich spende alles", erklärte ich meiner Tochter. „An Klaus?", fragte Emma aufgebracht. In ihrer Tonlage spürte ich deutlich einen ironischen Unterton. Wie schlau mein Kind doch war, ich staunte. Emma kannte mich gut. Anscheinend besser, als ich sie kannte. Erschreckte es mich? Ja. Sehr. Ich gestand Emma die Wahrheit, sagte ihr, dass ich Klaus das Geld geben würde. „Du bist verrückt!" Emmas Gesichtsausdruck verfinsterte sich. „Weißt du, was wir mit dem Geld alles kaufen könnten? Du träumst so lange schon von einem neuen Auto, du wolltest mein Kinderzimmer neu einrichten, wir wollten einmal zusammen in den Urlaub fliegen!" „Wir wollten, wir wollten, wir wollten!", fiel ich ihr böse ins Wort. Am liebsten hätte ich ihr wieder eine geklatscht, aber ich hielt mich dieses Mal zurück. Dabei hatte sie recht mit allem, was sie sagte. Emma rief all die fürchterlichen Selbstzweifel in mir hervor, die ich mit größtem Kraftaufwand versuchte zu verdrängen.

Wenn ich meinem eigenen Kind gegenüberstand, gelang mir das nur sehr schlecht. Deshalb machte mich Emma äußerst wütend. Die Wahrheit tut immer weh, und sie zu verkraften fällt schwer, daran ist nichts verwerflich. Dass ich mich allerdings gegen mein Kind stellte, nur um meinen Freund zu schützen, das war nicht in Ordnung. *Es wird dir entgleiten, Julia! Dieses Psychospiel wirst du nicht lange durchhalten! Du weißt, dass dein Kind im Recht ist! Emma will dir doch nur gut, warum gelingt es dir nicht, sie in den Arm zu nehmen und ihr zu sagen, dass du sie lieb hast? Erkläre ihr doch, warum es dir so wichtig ist, Klaus zu helfen! Hast du jemals mit deinem Kind über Liebe gesprochen? Erkläre ihr deine Gefühle, Emma ist alt genug, um zu verstehen, wie es ist, wenn man jemanden wirklich liebt und ihm nicht wehtun will. Du tust deinem Kind weh, weil du nicht willst, dass man dir wehtut. Klaus wird dich enttäuschen und dich fallenlassen. Er hat gar nicht mehr die Kraft, dir das zu geben, was du brauchst! Spürst du es denn nicht, dass du auf dem falschen Weg bist? Verdammt noch mal! Wach endlich auf!* Meine Gedanken liefen Amok. Ich war hin- und hergerissen zwischen dem, was ich glaubte, tun zu müssen, und zwischen dem, wovon ich glaubte, es wäre der Wahnsinn, es zu tun, weil ich nichts mehr im Griff hatte. Weder Klaus noch Emma funktionierten so, wie ich es mir gewünscht hätte. Meine Kontrollsucht entglitt mir zusehends. *Warum bist du eigentlich kontrollsüchtig, Julia? Du hast doch einen Knall! Leben und leben lassen, das war doch immer dein Motto? Was für eine*

Nummer fährst du jetzt eigentlich? Ich bin deshalb kontrollsüchtig, weil nur ich den Weg kenne, wie Klaus und Emma glücklich werden können! Emma braucht ein Pferd, Markenanziehsachen, Schminkzeug und anderen materiellen Kram. Klaus braucht Geld, und dann sind beide wieder glücklich. Wenn Emma und Klaus glücklich sind, bin ich es auch! Überzeugt war ich von meiner Einstellung. Inständig hoffte ich, dass der Monat bald zu Ende sein würde, damit ich mein sauerverdientes Geld von den Büchern ausgezahlt bekam. Bis zu dem Datum waren es noch gut drei Wochen. Würden wir das durchhalten? Morgens am Frühstückstisch, während Emma zur Schule ging, versuchte ich mit Klaus ein klärendes Gespräch zu führen. „Klaus, du hast nicht nur Geldsorgen, du bist depressiv", versuchte ich einen vorsichtigen Einstieg in ein besonders heikles Thema zu finden. Erstaunlicherweise machte Klaus keinen Hehl daraus, dass er nervlich am Ende und depressiv war. „Ja, das bin ich", gestand er trocken. „Weißt du, schau mal aus dem Fenster, draußen scheint die Sonne, es ist herrliches Wetter! Lass uns hinausgehen, Klaus! Wir gehen spazieren, halten uns an den Händen wie verliebte Kinder und genießen das Leben! Lass uns doch einfach glücklich sein!" „Wenn es nur so einfach wäre", räusperte sich Klaus mit einem bedenklichen Unterton. „Du liebst mich nicht!" Es brach plötzlich aus mir heraus, obwohl ich es hatte zurückhalten wollen. Diese Worte wollte ich nicht aussprechen, weil ich wusste, dass es ein besonders heikles Thema war, mit Klaus über unsere Liebe zu sprechen. Mit solch emotionalen Gesprächen und Worten musste ich sehr sensibel umgehen, um Klaus und mich zu schützen. Wir hätten uns gegenseitig sehr verletzen können. Messerscharf. Aber es lag mir auf dem Herzen. Während ich Klaus immer wieder meine Liebe bekundete, in Worten, in Gesten und kleinen Geschenken, kam von seiner Seite gar nichts. Kein liebevolles Wort, kein zärtlicher Blick, keine flüchtigen Berührungen, es war, als wäre ich umgeben von einem toten Menschen, dessen körperliche Hülle lediglich irgendwie funktionierte, um seine Lebensfunktionen aufrechtzuerhalten. Seine Seele war längst ausgezogen aus seinem Körper. Wohin war sie entschwunden? Niemals zuvor in meinem Leben musste ich eine derartige Erfahrung machen, einen Menschen an meiner Seite zu wissen, dessen Seele so dunkel, so leer war, dass ich vor Kälte fror, während meine Liebe für ihn doch so warm und voller Gefühl war. Klaus' Antwort hätte mich zutiefst verletzen können. So sehr, dass ich selbst in ein tiefes Loch gefallen wäre. Wer mit einem depressiven Menschen zu tun hat, muss wirklich aufpassen, dass es ihn nicht selbst mit runterzieht. Klaus' Antwort war brachial. „Im Moment liebe ich gar nichts mehr, Julia." *Der Typ hat dich noch nie geliebt, Julia,* fuhr es mir sofort in den Kopf, und ich spürte, dass unheimlich viel an geballter Wut in mir aufstieg. Es tat so unendlich weh, was er sagte. Seine Worte trafen mitten ins Herz. Schmerzvoll wie ein brennendes Schwert, das alles in mir entzweiriss, traf es mich. Mein Herz blutete schmerzhaft. Für einen Moment glaubte ich, dass Klaus sich von seinem Stuhl erheben und mich in den Arm nehmen würde mit den Worten, dass es ihm leidtäte, was er gesagt hatte. Nichts dergleichen geschah. Seelenruhig schmierte Klaus gedankenverloren mit dem Messer die viel zu harte Butter auf seine Brötchen. Er wäre nicht auf die Idee gekommen, die Butter rechtzeitig aus dem Kühlschrank zu nehmen, damit sie streichfertig gewesen wäre. Nein. Stattdessen klappte er das halbe Paket auf die Brötchenhälfte. Die Brötchen, die ich morgens in der Früh extra für ihn von der Tankstelle geholt hatte. Liebevoll hatte ich den Tisch gedeckt, nachdem die Tiere im Stall versorgt waren. Die Sonne schien so wunderbar an diesem Herbsttag, und ich glaubte, es würde ein guter Tag für uns werden. Ich hatte arbeitsfrei und glaubte, dass Klaus und ich etwas zusammen unternehmen könnten, um auf andere Gedanken zu kommen. Die Antwort, dass Klaus nichts mehr liebte, somit auch mich nicht, saß verdammt tief. *Ich liebe gar nichts mehr…*Mühevoll hielt ich meine Tränen zurück. *Das ist normal bei depressiven Menschen, Julia! Sie denken nur an sich. Sie sehen die anderen Menschen nicht mehr. Sie sehen weder das Glück noch die Freude, das Schöne im Leben, das gibt es bei ihnen alles nicht mehr. Sie fahren in einen dunklen Tunnel hinein und sehen nichts anderes mehr außer Schwarz.* Gedanken zogen an mir vorbei, die einen üblen Brechreiz in mir hervorriefen. Für einen Moment war es, als wäre ein Teil aus meiner Seele von mir gestorben. Klaus' Antwort hatte innerhalb weniger

Sekunden so vieles in mir zerstört. *Halte die Tränen zurück, Julia! Weine nicht! Bleib stark! Klaus weiß nicht, was er dir antut mit seinen Worten. Sei verständnisvoll! Gib ihm Zeit! Er meint das nicht so. Bestimmt entschuldigt er sich irgendwann. Eines Tages wird er sehen, was er in dir gefunden hat. Er wird dich lieben, so wie du ihn liebst. Glaube daran! Bitte verliere nicht die Hoffnung, Julia!* Energisch wischte ich mir eine Träne aus den Augenwinkeln. Es lag Stille im Raum. Schweigen. Ich war betroffen, während Klaus tat, als wäre nichts geschehen. *Er braucht Hilfe, Julia! Das schaffst du alleine nicht. Fachmännische Hilfe muss her! Erinnerst du dich, als Klaus dich anrief und dir mitteilte, dass er sich vor einen LKW stürzen wollte? Dass er nicht mehr leben wollte? Willst du das Risiko eingehen, dass er sich etwas antut? Wie willst du ihn aufhalten? Wie willst du ihn und dich aufrecht durch den Alltag tragen? Durch diese schwere Zeit? Wer trägt dich, Julia? Woher nimmst du die Kraft? Die Kraft, sie wird auch dich verlassen, irgendwann.* Energisch stemmte ich mich gegen die dunklen Gedanken, die in mir aufkeimten, dass mir bald die Kraft ausgehen würde, Klaus auf den rechten Weg zurückzubringen. *Du schaffst es, Julia! Du bist eine ganz starke Frau! Es lohnt sich, zu kämpfen, der Lohn für deine Mühen wird die Liebe sein! Für die Liebe lohnt es sich immer zu kämpfen!* „Ja, aber doch nicht, wenn Klaus dich gar nicht liebt!" Mit meiner Freundin sprach ich über Klaus' Depressionen. Wir hatten uns zum Brunchen verabredet, ich brauchte dringend Unterstützung. „Julia, der Typ liebt dich nicht, er hat dich nie geliebt und er wird dich niemals lieben! Warum verstehst du das nicht endlich mal?“ Claudia schüttelte verständnislos den Kopf über mich und schlug die Hände vors Gesicht. Sie rollte mit den Augen und vollführte alle Körperhaltungen, die mir signalisieren sollten, wie bescheuert ich doch war. „Der will nur dein Geld! Wann kapierst du das?“ „Klaus ist krank!“, fiel ich ihr energisch ins Wort. „Ja, kein Wunder! Wenn ich solch ein Leben führen würde wie er, dann wäre ich auch krank! Was liebst du eigentlich an diesem Kerl?“ Mit ihren herzlosen Worten gelang es Claudia, meinen Tränenfluss in Gang zu bringen. Die Tränen liefen über meine Wangen. Langsam versuchte ich, meine Gedanken in Worte zu fassen. Mit dem Handrücken wischte ich eine Träne fort. „Ich liebe ihn, dafür gibt es keinen Grund, mein Herz sagt es mir! Mein Herz liebt ihn! Warum ist das so schwer zu verstehen, dass ich einen Menschen aufrichtig liebe? Die Liebe fragt nicht warum, wieso und weshalb! Wenn man liebt, dann liebt man!“ „Er wird dich kaputtmachen, Julia! Vergiss ihn!“ Claudia blieb hart. Meine Tränen berührten sie nicht. „Ich will dir nur gut, du bist meine Freundin!“, rechtfertigte sie ihre Härte. Als ich nach Hause kam von dem Treffen mit Claudia, lag Klaus im Bett. Es war früher Nachmittag, und ich verstand nicht, wie man bei herrlichstem Sonnenschein bei runtergezogenen Rollläden im Bett liegen konnte. Klaus schlief tief und fest. Geräuschlos setzte ich mich auf die Bettkante und betrachtete ihn. Beobachtete, wie sich sein Brustkörper mit jedem Atemzug hob und bei jedem Ausatmen wieder niedersenkte. Ja, ich liebte ihn. Kein Zweifel. Sanft strich ich über seinen Arm, der regungslos seitlich auf der Matratze ruhte. So oft hatten mich diese Hände berührt, gestreichelt und liebkost, dass ich manchmal glaubte, den Himmel berührt zu haben. Das Gefühl zu diesem Menschen war ehrliche Liebe. Sie war rein und unbefleckt. Mein Herz schlug für diesen meinen Traum, für den Rest des Lebens mit Klaus glücklich zu werden. Klaus machte mich einfach happy. Durch seine bloße Anwesenheit und durch die Art, wie sehr er auf wundersame und geheimnisvolle Art und Weise meine Seele berührte. *Bist du diesem Mistkerl vielleicht hörig, Julia? Nein! Oder doch?* Die Gefühlskälte, die in Klaus eingezogen war, spürte ich jedoch mittlerweile ebenfalls genauso intensiv wie die Liebe zu ihm. Dass er mich nicht liebte, daran zweifelte ich nicht. Er hatte es gesagt, und ich fühlte es. Sein Blick trug keine Liebe. Seine Berührungen blieben aus. Für ihn gab es im Moment nichts, für was es sich gelohnt hätte, die Liebe zwischen uns wiederaufflackern zu lassen. Ich schob es auf seine Krankheit. Als er wach wurde, lächelte er mich nicht an. „Wie spät ist es?“, fragte er mit einem leidensvollen Unterton. So, als ob er gleich sterben müsste. Er räkelte sich und streckte die Arme gelangweilt in die Höhe. Dabei entriss er sich meiner Berührung. „Halb vier. Sollen wir zum Essen fahren?“ Hoffnungsvoll glaubte ich, irgendetwas anbieten zu müssen, was Klaus erheitern würde. „Ich habe gar keinen Hunger“, sagte er lasziv. In seiner Stimme lag keinerlei Gefühlsregung. Ich hätte mit der Wand reden können, das hätte dieselbe Wirkung gehabt. Traurig nickte ich und seufzte: „Okay."

Kapitel 19

Psychiatrie

Am nächsten Tag rief ich verzweifelt in der Klinik für Psychiatrie bei uns im Nachbarort an und erklärte mein Problem, beschrieb die Situation meines Freundes. Die Dame am anderen Ende der Leitung war sehr freundlich. Sie beruhigte mich, dass ich meinen Freund jederzeit in die Klinik bringen könnte, wenn ich glaubte, ich hätte die Situation daheim nicht mehr im Griff. Ich hatte ihr wahrheitsgemäß berichtet, dass Klaus mir von seiner Suizidsehnsucht erzählt hatte. Klar hatte ich Angst, dass Klaus vielleicht sogar letztendlich die Kontrolle verlor. So depressiv wie er war, spürte ich die große Sorge in mir, wenn ich morgens zur Arbeit fuhr, er würde, wenn ich zurückkehrte, vielleicht am Gartenzaun oder in den Ästen des Baumes hängen. Ich konnte den Ernst der Situation nicht wirklich einschätzen. Wie sehr sich allerdings der dunkle Vorhang seiner Depressionen über ihn legte, spürte ich sehr wohl, und ich glaubte nicht, dass ein Mensch so gut schauspielern konnte. Dass sein schwindender Lebensmut und seine Freude am Schönen gespielt waren, um an mein Geld zu gelangen, bezweifelte ich. Dass man allerdings allein durch finanzielle Probleme so schwer in eine Depression abdriften konnte, das fand ich sehr unterirdisch und unglaubwürdig. Klaus hätte doch wissen müssen, dass er etwas unternehmen musste, um das drohende Unheil aufzuhalten. Seine Situation war ein Prozess von Jahrzehnten. Hatte er sich denn tatsächlich in der letzten Zeit ausschließlich auf mich verlassen, dass ich seinen Kopf aus der Schlinge ziehen würde? Das war schon sehr bequem von ihm. Bequemlichkeit mit seinem Leben zu bezahlen, fand ich sehr kindisch. Und Klaus war eigentlich alles andere als kindisch. Mittlerweile hatte er sich jedoch so sehr in seinem Wesen verändert, dass ich mir nicht anders zu helfen wusste, als fachmännische Hilfe an Land zu ziehen. Nach dem für mich aufklärenden Gespräch mit der Klinik für Psychiatrie ging es mir ein wenig besser. Wir vereinbarten einen Gesprächstermin, zu dem Klaus erscheinen sollte. Vielleicht wäre eine stationäre Therapie für ihn notwendig, vielleicht konnte man ihm ambulant helfen, ihn aus dem Dunkel seiner Depression zu befreien. Es würde sich im Gespräch mit den Ärzten zeigen. „Ich habe in der Klinik angerufen, und du hast einen Gesprächstermin“, gestand ich Klaus beim Abendbrot. Eigentlich hatte ich ein Donnerwetter erwartet, aber das blieb aus. „Bei uns habe ich auch schon nachgefragt, aber die wollten mich dort nicht aufnehmen“, sagte er lapidar. Er hob nicht einmal seinen Kopf, um mir in die Augen zu schauen. In aller Gemütlichkeit aß er die Kartoffeln, pickte mit seiner Gabel die Gemüseerbsen vom Tellerrand auf, und sein Blick ruhte seelenruhig auf dem Küchentisch. „Gibt es eigentlich überhaupt noch irgendeine Regung in dir?“, fragte ich traurig. Emma saß mir gegenüber und rollte mit den Augen. „Der ist den ganzen Tag schon so“, erklärte sie grimmig. Da ich arbeiten war, hatte Emma den Nachmittag mit Klaus verbracht. Während die beiden früher gemeinsam spazieren gingen, oder sich die Zeit mit TV und Computer vertrieben, herrschte jetzt anscheinend nur noch Stille zwischen ihnen. Jeder machte sein Ding. Emma hing den ganzen Tag vor ihrem Smartphone, und Klaus lag grübelnd im Bett, während ich wie eine Irre malochte. Eines Morgens, als Klaus bereits eine ganze Weile wach neben mir lag, es war mir nicht entgangen, fragte ich ihn, worüber er eigentlich die ganze Zeit nachdachte. „Über alles und jeden.“ „Auch über mich?“ „Nein!“ „Schade! Ich hatte doch ein kleinwenig die Hoffnung, dass du über unsere Liebe grübeln würdest.“ Ich seufzte. Es schien zwecklos zu sein. Das Wort Liebe existierte in Klaus nicht mehr. „Ich grübel, wie mein Leben weitergehen soll. Ohne Geld, ohne Perspektive. Ich fühle mich nur noch überfordert und habe ein Engegefühl, das mir die Luft abschnürt. Ich glaube, ersticken zu müssen, nicht mehr atmen zu können. Kannst du das verstehen?“ Ich nickte. „Ja. Ich verstehe dich sehr gut, und ich bin hier, um dir zu helfen. Wir kriegen das hin! Wenn du den Termin wahrgenommen hast in der Klinik und die Ärzte dir sagen, wie es weitergehen soll für dich und deine Zukunft, dann kannst du wieder aufatmen. Du machst eine Therapie, und die Sonne wird wieder scheinen für dich, glaube mir." Meine Worte waren mehr als liebevoll gemeint. Sie kamen aus dem Herzen. Klaus blieb regungslos. Er nahm weder meine Hand noch schenkte er mir ein Lächeln. Er war starr wie Stein und kalt wie Eis. Letztendlich rollte er sich zur Seite und brummte: „Ich schlafe noch ein wenig." Damit ließ er mich allein, denn er schlief sofort ein. Beständig hatte ich das Gefühl, dass ich allein war, obwohl ich umgeben war von dem Menschen, den ich liebte. Dieser Zustand war grausam. Mein Magen krampfte sich zusammen. An dem Nachmittag fuhren wir zusammen in die Stadt, es war sonntags, und wir gingen in eine Bäckerei, um einen Kaffee zu trinken. Einfach ein wenig abschalten von allem, nannte ich es. Emma war bei ihrem Vater über das Wochenende geblieben, und uns blieb Zeit, über wichtige Dinge zu reden und ein wenig Zweisamkeit zu genießen. In meinen Augen waren es wichtige Dinge, weil sie ein Menschenleben betrafen. Für Klaus war nichts anderes mehr wichtig als Geld und die in seinen Augen damit verbundene Sorgenfreiheit, während mir bewusst war, dass es so einfach nicht werden würde. Selbst wenn ich Klaus endlich von seinen Geldsorgen befreien würde, so brauchte er dringend Hilfe, um wieder auf die Beine zu kommen. Dieser Mensch wusste gar nicht mehr, was Liebe und Glück bedeuteten. Der Tag des Gesprächstermins rückte näher. *Durchhalten, Julia! Es dauert nicht mehr lange! Man wird ihm helfen! Du tust genau das Richtige! Die Rettung ist da! Alles wird gut! Halte durch!*

„Kannst du mir bei den Hausaufgaben helfen?“ Emma hielt mir ihr Englischheft unter die Nase. Ich war ziemlich gereizt. In den letzten Wochen war ich eigentlich nur noch angespannt und schlechtgelaunt. Mir blieb keine Zeit zum Kräfteauftanken. Immer musste ich funktionieren und es allen recht machen. Auf der Arbeit, zuhause und vor allen Dingen gegenüber Klaus und Emma. Mittlerweile war ich so weit, dass ich Klaus sogar anbot, bei Emma und mir zu wohnen, obwohl ich mir geschworen hatte, nie wieder mit einem Mann zusammen unter ein Dach zu ziehen. Die grausamen Erfahrungen, die ich mit Emmas Vater gemacht hatte, sollten mich für den Rest meines Lebens geprägt haben. Mir schien die Lösung für Klaus aber notwendig und unumgänglich zu sein. „Dann kannst du dich finanziell ein wenig erholen. Du musst hier bei uns keine Miete bezahlen, und Platz haben wir genug!“ Aus einer Erbschaft war es Emma und mir mittlerweile möglich geworden, den Hof käuflich zu erwerben. Ich hoffte, Klaus würde sich freuen über mein Angebot. Er wusste genau, dass ich niemals wieder mit einem männlichen Wesen zusammenziehen wollte, weil ich es ihm gleich zu Anfang unserer Beziehung gesagt hatte. Eigentlich war es wieder ein deutlicher Liebesbeweis von mir an ihn und ein Zeichen, wie wichtig er mir war, wie viel er mir bedeutete und wie sehr ich ihn liebte. „Und was ist mit meiner Wohnung?“

Klaus fuhr sich nervös durch die Haare, die ihm ein in meinen Augen völlig unfähiger Friseur einfach lieblos abgeschoren hatte. Klaus besaß volle Haarpracht. Keine Geheimratsecken, und auch von einer Glatze war er Jahrhunderte entfernt. Während ich ihn betrachtete, wurde mir wieder einmal bewusst, was ich alles an diesem Menschen liebte. Seine Erscheinung, seine Haare… „Deine Wohnung lösen wir auf. Dort wartet doch sowieso niemand auf dich“, sagte ich knallhart. Du hast keine Freunde, keine Verwandten, was willst du in diesem Kaff, wo sich jeder selbst der Nächste ist und sich einen Dreck um seine Mitmenschen schert?“ Klaus nickte brav. „Stimmt, dort wartet niemand auf mich. Aber ich schaffe das kräftemäßig nicht, meine Wohnung aufzugeben. Ich schaffe gar nichts mehr. Und wenn ich meine Wohnung aufgebe, dann ist meine Wohnung weg. Weg! Verstehst du das? Dann gibt es kein Zurück mehr.“ „Ja. Aber selbst wenn du hier bei Emma und mir nicht wohnen bleiben möchtest, Klaus, können wir später immer noch in unserer Nähe nach einer Wohnung für dich schauen.“ *Meine Güte, dieser Mensch ist so schwerfällig, das ist ja kaum noch zu ertragen! Er bittet mich ständig um Hilfe, ich biete sie ihm an, versuche alles möglich zu machen, und er spricht nur noch dagegen. Will er meine Hilfe überhaupt oder verarscht er mich?* **„Hilfst du mir jetzt bei den Hausaufgaben?“** Emma machte Druck, und Druck konnte ich gerade so gar nicht gebrauchen. „Warum kannst du nicht in der Schule einfach mal aufpassen?“, keifte ich sie an. Ich hatte jetzt wirklich andere Dinge zu erledigen, als mich um ihre blöden Englischhausaufgaben zu kümmern. Enttäuscht zog Emma von dannen. *Meine Güte, dieses Kind hat ja überhaupt gar keinen Grips im Kopf. Schreibt in Englisch lauter Fünfen, woher hat sie bloß diese elendige Schwäche für Sprachen? Auch in Deutsch kommt sie überhaupt nicht klar. Die Blödheit hat sie sicherlich von ihrem Vater geerbt…* „Du bist genauso dumm wie dein Vater!“, warf ich ihr herzlos an den Kopf, als sie abends zaghaft damit herausrückte, dass sie in Englisch einmal wieder eine Fünf geschrieben hatte. Das war bei ihr beinahe Standardprogramm, dass die Fünfen nur noch so ins Haus flatterten. „Warum sagst du nichts? Sprich doch mal mit mir!“, schrie ich sie an. Wieder einmal entglitt mir die Situation. „Du schreist mich nur noch an, merkst du das eigentlich gar nicht? Du schimpfst pausenlos mit mir, immer habe ich an allem Schuld! Wenn was kaputtgeht, wenn die Pferde irgendwas gemacht haben, ach… Pah!“ Emma wischte sich die Tränen fort. „Und wenn Klaus dich nicht liebt, dann ist es auch meine Schuld“, sagte sie plötzlich. „Der Typ liebt dich sowieso nicht, und du richtest unser ganzes Leben nach ihm aus! Jetzt soll der hier auch noch wohnen, obwohl wir beide ein Abkommen hatten! Wir wollten keinen Mann mehr hier in unserem Haus haben!“ *Ruhig bleiben Julia! Halte dich zurück! Du kannst Emma jetzt nicht noch eine Ohrfeige verpassen, auch wenn dir sehr danach ist. Stell dir vor, sie erzählt alles ihrem Vater. Willst du so armselig dastehen? Als Rabenmutter?*

Du versündigst dich an deinem eigenen Kind! Hör auf damit! Was tust du nur? Das bist ja gar nicht mehr du selbst. Halte dich zurück!

Kapitel 20

Wut

Während Klaus die Tage mit Schlafen verbrachte, und so gar nichts Sinnvolles zu unserem gemeinsamen Leben beitrug, weinte Emma leise vor sich hin. Klaus nahm weder den Staubsauger in die Hand noch schwenkte er den Putzlappen oder kochte für uns. Er führte auch nicht die Hunde zum Gassigehen aus. Wenn ich ihn vorsichtig fragte, ob er mal den Hof fegen oder die Pferde füttern könnte, war ihm das gleich alles zu viel. Einige der Arbeiten blieben also an Emma hängen. Oftmals sah ich in ihrem Gesicht die Tränen laufen. Es war mir egal. Ich glaubte, dass ich das Recht besaß, zunächst mein Leben in geordnete Bahnen zu lenken, und dann erst wäre mein Kind an der Reihe. Verärgert trug ich Emma eine Menge an zu erledigenden Arbeiten auf, die Klaus gut hätte erledigen können, während ich arbeiten ging. Klaus und Emma ließen alles hinter sich stehen und liegen. Niemand von ihnen räumte irgendetwas auf. Klaus' Kleidung lag überall herum, und seine benutzten Kaffeetassen waren im ganzen Haus verteilt. Ich wunderte mich, als ich eine Tasse im Schrank suchte und keine mehr vorhanden war. Bei uns herrschte das Chaos. Kaffeetassen fanden sich im Badezimmer, auf dem Balkon, im Pferdestall und im Garten. Überfüllte Aschenbecher, Dreck und Unordnung, so weit das Auge reichte. Verwüstung überall. Natürlich machte mich das nervös, und ich war äußerst gereizt, weil ich neben meinen ganzen Aufgaben nicht auch noch für die Ordnung im Haushalt sorgen konnte, während zwei Menschen die ganze Zeit ihres Lebens Däumchen drehten, schliefen oder am Smartphone das Internet bereisten … Mit der Kneifzange konnte man mich manchmal nicht anfassen. An Klaus konnte ich meinen Frust nicht ablassen. Er hätte sich wahrscheinlich tatsächlich das Leben genommen. Also kassierte Emma den Ärger. Zu Unrecht beschuldigte ich sie irgendwelcher Dinge, die sie dann zähneknirschend auf Klaus schob. Wenn die Küche nicht ausgesaugt worden war, wenn ich von der Arbeit heimkehrte, obwohl ich es zuvor angeordnet hatte, versuchte mir Emma zu erklären, dass sie die Aufgabe nicht mehr geschafft hätte, weil sie so viele andere Dinge zu erledigen hatte. Sie hätte Klaus gebeten, ihr zu helfen, aber der hätte sich lieber mit Schlafen beschäftigt. Das machte mich noch wütender. Ich zischte Emma an, dass es eine Unverschämtheit wäre, andere Menschen für irgendetwas zu bezichtigen, was diese gar nicht getan hätten. In mir tickte eine Bombe, die kurz vor dem Ausbruch stand. Mir gelang es aber zunächst noch, das Schlimmste zu verhindern. Ich riss mich zusammen, so gut es ging. Es wären nur noch ein paar wenige Tage, die ich durchhalten müsste, dann würde es eine Entscheidung geben, wie alles weiterginge.

Händehaltend laufen wir verträumt durch den weichen Sand. Spüren mit jedem unserer Schritte das Leben in unseren nackten Füßen pulsieren. Entlang des Strandes schlendern wir, an dem keine Menschen verweilen. Niemand sieht uns. Nur wir sind hier. Allein. Allein mit uns und dem Augenblick, in dem wir uns die ewige Liebe schenken. Wir haben nichts, außer dass wir die Hand des anderen halten und sie nie wieder loslassen möchten. Ganz fest umklammere ich sie. Spürst du meine Liebe? Sie ist warm, zärtlich und ehrlich. Wir besitzen nichts außer unserer Liebe, und das ist so verdammt viel. Viel mehr als alles andere auf dieser Welt. Weil ich dich liebe. Mit den am Himmel kreisenden Möwen über uns werfe ich einen Blick in den Himmel. Er ist an diesem Tag schön wie nie. Wundervoller könnte ihn kein Picasso zeichnen. Die Möwen über unseren Köpfen kreischen geheimnisvoll und durchbrechen mit ihren Schreien den Klang des Meeresrauschens. Alles um uns, in uns und über uns erzählt von der Liebe. Der Himmel ist smaragdblau. Er funkelt wie ein Diamant. Die blutorangefarbene Sonne steht in ihrer untergehenden Pracht am Horizont und lächelt wärmend in unsere Gesichter, bevor sie am Horizont in der sich langsam ankündigenden Nacht verschwindet. Wir sind frei. Frei und glücklich. Die Liebe vereint sich in uns mit all ihrer Schönheit. Sie lässt unsere Augen leuchten und unsere Herzen erstrahlen. Niemals wird sie uns enttäuschen. Keine Verletzungen werden wir davontragen, denn es gibt keine Schmerzen und kein Leiden mehr. Wir geben uns mit all unserem Sein der schönsten Sache der Welt hin und küssen uns. Sanft legst du deine Arme um meine Taille und ziehst mich zärtlich näher an deinen Körper heran. Du blickst in meine Augen. Du blickst so ehrlich und tiefgehend bis in die letzte Spitze meiner Seele, so wie du es niemals zuvor getan hast. Mein Herz. Hörst du es schlagen? Du nickst. Du hörst es. Du neigst langsam deinen Kopf, nimmst den meinen zwischen deine Hände und küsst mich. Immer wieder tust du es. So als wolltest du von meiner Liebe trinken und würdest niemals satt an ihr. Du nimmst mich huckepack, und wir albern herum wie vor Glück und Freiheit strotzende Kinder, die den Ernst des Lebens niemals kennengelernt haben. Hunderte wilder Schmetterlinge jagen durch meine Venen und spielen im Licht der Sonne, die in meinem Herzen scheint, miteinander Fangen. Ihre Flügel erscheinen so farbenprächtig vor meinem inneren Auge, dass ein Gefühl von Demut in mir emporsteigt. Was machst du mit mir? Du infizierst mich mit Liebe, und ich möchte, dass es niemals aufhört. Geh niemals von mir fort...Geh niemals wieder fort!

Es ist dunkel im Zimmer, als ich erwache. Es war nur einer dieser Träume. Einer von jenen Träumen, die mich in manchen Nächten besuchen. Meistens besuchen sie mich dann, wenn ich besonders einsam und verzweifelt bin. Ein so herzerwärmender, wundervoller Traum in einer weiteren eiskalten und lieblosen Nacht wie dieser war es gewesen, den ich träumte. In einer Nacht, die ich einsam im Bett neben Klaus verbrachte. Neben dem Menschen, den ich über alles liebte und der mir jedoch das Gefühl der Einsamkeit vermittelte, als wäre ich völlig allein auf dieser Welt. Nackt und frierend, ohne Schutz der Zuneigung und menschlichen Geborgenheit. Es war nur seine körperliche Hülle, die neben mir ruhig atmend verweilte. Seine Seele war bereits so unendlich weit fort von mir. Sie verblieb an dem Strand, den ich immer wieder in meinen Träumen besuchte. Irgendwann würde dieser Traum wahr werden. Davon war ich überzeugt. Mit meinem Herzen und meiner liebenden Seele würde ich die Kraft besitzen, meinen Träumen zu folgen und Klaus aus den dunklen Abgründen seiner Seele zu befreien. Klaus würde sich eines Tages besinnen und zu unserer Liebe zurückkehren. Dessen war ich sicher.

„An dem Tag, an dem er den schwarzen Tunnel seiner Depressionen verlässt, werden wir uns lieben!“

Die Tränen liefen. Wie so oft, wenn ich aus meinen Träumen erwachte. Schnell drehte ich mich zur Seite, damit Klaus meine Tränen nicht bemerkte. Ich wollte ihn nicht aufwecken und schon gar nicht mit meinem Kummer belasten. Meine Tränen blieben ihm allerdings nicht verborgen. Mein leises Schluchzen hatte ihn aufgeweckt. „Was ist mit dir?“ Schlaftrunken drehte er sich in meine Richtung. „Nichts“, log ich. Wie sollte ich ihm erklären, wie groß meine Liebe zu ihm war und wie sehr ich unter der Wahrheit litt, dass es mir nicht gelang, ihn ins Leben zurückzuholen, wenn er es immer noch nicht begriffen hatte? Hatte es sie eigentlich jemals gegeben in unserer Beziehung, die Liebe? Ja! All die vielen Gefühle, die Klaus’ Berührungen in mir auslösten, das war nichts anderes als Liebe gewesen, und ich sehnte mich so sehr nach diesen wundervollen Gefühlen in den Tiefen meiner Seele zurück. Wie sollte ich Klaus all diese Dinge erklären? Wie erklärst du einem blinden Menschen, wie die Sonne aussieht und was du fühlst, wenn du in ihren Untergang blickst? „Warum kannst du mit dem **Uns** nicht einfach glücklich sein, Klaus?“, brach es verzweifelt aus mir heraus, und ich drehte mich mit tränendurchtränktem Gesicht zu ihm. Er nahm mein Gesicht nicht zwischen seine Hände. Er küsste meine durchnässten Wangen nicht. Wischte meine Tränen nicht mit seinem Handrücken fort. Er lächelte nicht. Er weinte nicht. Er lag einfach nur da und blickte mich aus seinen toten, ausdruckslosen Augen an. Sein Blick fuhr durch mich hindurch, wie ein Hurrikan, der nichts außer Verwüstung hinterließ. In ihm lag kein Gefühl, sondern nur eine beklemmende Leere, die mir Angst machte. „Wir schaffen das nicht mehr, Julia. Wir überfordern uns beide. Ich werde wieder zurückgehen. Nach Hause. Ich muss dort zusehen, wie es weitergeht.“ Klaus wühlte sich schnaubend aus den Bettdecken und setzte sich seufzend auf die Bettkante. „Waaaas?“, fragte ich entsetzt. Sofort schossen mir diese Gedanken durch den Kopf, dass Klaus sich umbringen würde. Sobald er nach Hause ginge, wäre es nur eine Frage der Zeit, wann er sich vor den LKW schmiss. Mir fehlte die Kraft, ihm seine Entscheidung auszureden. Wie oft hatten wir die letzten Tage in gemeinsamen Gesprächen versucht, eine Lösung zu finden. Eine Lösung, die für uns beide akzeptabel gewesen wäre. Wir scheiterten kläglich. An meiner Aufgabe, Klaus zu zeigen, wie schön das Leben doch eigentlich war, und wie stark meine Liebe zu ihm, zerbrach ich innerlich letztendlich. Diesen Menschen würde ich nicht mehr erreichen. Ich sollte es endlich aufgeben, an die Liebe zu glauben, die wahrscheinlich niemals eine Liebe gewesen war, niemals eine Liebe sein würde, und aufgeben sollte ich es, zu glauben, dass ein Wunder geschehen würde. „Und wenn du erst einmal über das Wochenende nach Hause fährst? Du könntest schauen, wie du zurechtkommst. Und vielleicht vermisst du mich ja doch, dann kommst du einfach wieder zurück!“ Immer wieder redete ich mit Engelszungen auf Klaus ein, um ihn zum Bleiben zu bewegen. Die Liebe in meinem Herzen schmerzte so sehr. Ich wollte diesen Menschen nicht verlieren. „Die Idee ist gut!“ Ein kleines Lächeln huschte über Klaus’ verbittertes Gesicht, als wir beim Frühstück beratschlagten, wie es weitergehen sollte. Natürlich war wieder einmal ich es gewesen, die liebevoll den Tisch gedeckt und alles hergerichtet hatte. In meinen Knochen trug ich seit Tagen eine sich anbahnende Grippeerkrankung mit mir herum. Es war nur noch eine Frage von Stunden, bis sie mich endgültig lahmlegen würde. Nein, ich bat Klaus nicht, zu bleiben. Auch wenn ich auf Hilfe mit dem Hof, dem Haus und meiner Arbeit dringend angewiesen gewesen wäre. In meinen Gedanken sortierte ich alles zum Wohlergehen einzig und allein von Klaus und seinen Bedürfnissen. Aus der Küchenschrankschublade kramte ich den Autoschlüssel hervor und hielt ihn Klaus unter die Nase. „Du kannst mein Auto haben. Ich würde mich freuen, wenn du es wiederbringst und zu mir zurückkommst!“

Klaus nickte gleichgültig. „Gut, dann fahre ich mal heim!“ Wie ein Stehaufmännchen, und völlig emotionslos, erhob er sich vom Tisch, ergriff seine Jacke, die Zigaretten und den Autoschlüssel. „Du hörst dich nicht gut an, Julia. Bist du erkältet?“, fragte er melancholisch. „Alles gut“, antwortete ich, meine eigenen Bedürfnisse abwertend und in den Hintergrund stellend. „Tschüs“, murmelte Klaus und verschwand aus der Haustür. Während er mein Auto vom Hof rangierte, sah ich ihm verträumt nach. *Warum liebst du diesen Menschen so sehr? Reiße dir dein Herz heraus, dann bist du das leidige Thema endgültig los! Er wird dich kaputtmachen, Julia, und du weißt es genau. Du hast es immer gewusst. Du kannst nur einfach nicht loslassen von deinem Unglück, in das du hineinrennst. Du kannst nicht loslassen, weil du das Gefühl, den Himmel berührt zu haben, immer wieder spüren möchtest. Du bist süchtig danach, weil du es niemals zuvor in deinem Leben erfahren hast, und es kann dir niemand verübeln, aber dieser Mensch wird dich zugrunderichten, emotional!*

Lass ihn gehen!

Lass ihn frei…

Emma war über das Wochenende zu ihrem Vater gefahren. Während ich also gesundheitlich ziemlich angeschlagen war und mich durch den alltäglichen Wahnsinn kämpfte, hielt ich plötzlich einen Brief in den Händen, den der Postbote in den Briefkasten gesteckt hatte. Der Landrat, las ich erstaunt auf dem Kuvert. Zunächst glaubte ich, ich wäre wieder einmal zu schnell gefahren. Weil ich ständig unter Strom und unter Druck stand, passierte es mir des Öfteren, und ich glaubte, irgendwann meinen Führerschein zu verlieren. Mit zittrigen Händen öffnete ich den Brief. Es war eine Einladung zu einem Gespräch beim Jugendamt. *Aus gegebenem Anlass wird bei dem Gespräch die Sozialarbeiterin Frau Schneider anwesend sein,* las ich. Im ersten Moment wusste ich gar nicht, worum es ging. Niemals in meinem Leben wollte ich mit dem Jugendamt in Kontakt geraten. Meine Mutter hatte mir als Kind immer eingebläut, dass es besser war, mit gewissen Institutionen nichts zu tun zu haben. Dazu gehörte in ihren Aufzählungen an oberster Stelle das Jugendamt. Das Jugendamt war auch einmal bei uns zuhause gewesen und hatte mich befragt, ob mich meine Eltern schlagen würden. Die Nachbarn hatten damals meinen Eltern das Jugendamt auf den Hals gehetzt. Natürlich verneinte ich dies. Meine Eltern hatten mich nicht geschlagen, und selbst wenn sie es getan hätten… Ich hätte es niemandem erzählt. Ich liebte meine Eltern. Jedes Kind liebt seine Eltern, oder nicht? Plötzlich stellte sie sich mir, diese entscheidende Frage. Liebte mich mein Kind eigentlich? Was war mit Emma? Mein Gott, Emma…Sie war die letzten Monate nur noch ein lästiges Anhängsel gewesen, weil ich mit Dingen beschäftigt war, die mir keine Zeit für mein Kind ließen. Meine Arbeit, Klaus' Depressionen und all das Chaos, das meinen

Alltag beherrschte. Aber was sollten wir beim Jugendamt? Ich verstand den Brief nicht. An Emmas Vater dachte ich. Sicherlich steckte er mal wieder hinter dem Ganzen. Ich griff mein Handy und wählte seine Nummer. Natürlich war ich verärgert über den Brief und reagierte dementsprechend gereizt am Telefon, als er sich meldete. „Bringst du Emma bitte sofort nach Hause?“, keifte ich ihn an. Kurz vor dem Explodieren war ich. Meine Nerven lagen blank. So blank, mein Gott, ich war wirklich am Ende. „Nein!“, kam es vom anderen Ende der Leitung. „Emma will nicht mehr zu dir nach Hause. Sie möchte bei mir wohnen!“ In dem Moment, als Markus diese grausamen Worte aussprach, drehte sich mir der Magen um. Emma wollte bei ihrem Vater wohnen? Bei dem gewalttätigen Alkoholiker? Das durfte doch nicht wahr sein. Das konnte nur ein schlechter Albtraum sein, oder ein Witz. „Ich möchte jetzt, dass Emma nach Hause kommt!“, entgegnete ich energisch. „Und ich sage Nein!“ Markus blieb standhaft. „Emma sitzt hier neben mir, das Kind zittert vor Angst, ich muss das Wohl des Kindes gewährleisten können, und das ist bei dir nicht mehr gegeben, Julia! Emma bleibt hier, bis wir Mittwoch eine Lösung gefunden haben.“ „Mittwoch?“, fragte ich stutzig. „Ja, Mittwoch haben wir alle gemeinsam einen Termin beim Jugendamt.“ Markus spielte sich aufbrausend in Szene. Wie ein Staatsanwalt agierte er, der soeben eine Straftat vernommen hatte, und sich eine Entscheidung überlegte, wie er mit dem Angeklagten verfahren wollte. Erhängen, oder erschießen? Die Angeklagte war in dem Falle ich. Der Sachverhalt brach so brutal über mich herein, dass ich glaubte, der Erdboden würde sich augenblicklich öffnen und ich in ihm versinken. „Bitte, ich möchte Emma sprechen“, stammelte ich. „Natürlich“, sagte Markus gnädig und reichte Emma das Handy. „Emma, bitte komm nach Hause und lass uns reden!“, bettelte ich weinend. Emma blieb stumm am anderen Ende. Sie schluchzte. Sie weinte genau wie ich, brachte aber keinen Ton hervor. Düstere Stille lag über uns. Ein kleiner Weltuntergang suchte soeben eine unschuldige Familie heim. Gnadenlos brachte er drohendes Unheil über zwei Menschen, die aus demselben Fleisch und Blut stammten. Mutter und Tochter, die sich jedoch so fremd geworden waren, dass es zutiefst beängstigend war. Fremder als zwei Menschen sich jemals sein konnten. „Vielleicht möchte Emma morgen einmal kurz zu dir nach Hause kommen.“ Markus ergriff wieder das Wort, und in seiner Stimme lag dunkler Sadismus. Er liebte es, mich fertigzumachen. Das hatte er immer geliebt. In all den Jahren. Ich hatte nur in meinen Problemen, mit deren Bewältigung ich in der letzten Zeit beschäftigt war, vergessen, was passieren würde, wenn sich Emma ihrem Vater anvertraute. Wie konnte ich das übersehen? Ich hätte mich selbst ohrfeigen können. Als das Gespräch beendet war, brach ich weinend zusammen. Es brach aus mir heraus wie ein Wasserfall, der gnadenlos in die Tiefe stürzte und alles mitriss, was seiner Gewalt nicht standhielt. Ich glaubte, durchzudrehen. Mein

Kind…Mein eigenes Kind sagte, es wollte nicht mehr zu mir heimkehren. Emma wollte stattdessen lieber bei ihrem schrecklichen Vater leben. Bei einem Vater, der ihre Mutter über viele Jahre hinweg misshandelt hatte und der mit einem Alkoholproblem zu kämpfen hatte.

In welchem fürchterlichen Traum befand ich mich urplötzlich, und warum eigentlich? Hatte ich nicht genug um die Ohren, dass mir das Leben plötzlich noch diese schreckliche Offenbarung vor die Füße werfen musste, dass ich als Mutter komplett versagt hatte? Diese Schmerzen in meiner Brust, sie waren unerträglich. In mein Auto wollte ich mich setzen und es vor den nächstbesten Baum steuern. Dass Klaus mein Auto über das Wochenende mitgenommen hatte, rettete mir wahrscheinlich das Leben. Jedes Mal in meinem Leben, wenn ich in dunklen Stunden über einen möglichen Suizidversuch nachdachte, so war ich sicher, dass ich mich mit dem Auto irgendwo vor den nächstbesten Baum setzen würde im Rausch der Höchstgeschwindigkeit, wenn ich tatsächlich den Tod wählen sollte, weil ich das Leben nicht mehr ertragen konnte. Pulsadern aufschneiden oder so etwas, das hätte ich nicht bringen können. Während meine Gedanken Karussell fuhren und ich weder vor noch zurück wusste, rief Klaus an. Tränenerstickt erzählte ich ihm von meinem Leid. Er zeigte wenig Verständnis. Eigentlich sagte er gar nichts. Betroffenes Schweigen herrschte zwischen uns. „Ja, und jetzt?“, fragte er melancholisch. „Jetzt bring’ ich mich am besten um, ich habe keine Ahnung“, jammerte ich verzweifelt. „Ja, dann können wir uns zusammen des Lebens entledigen“, antwortete Klaus mitleid- und verständnislos. „Wirst du für mich da sein, Klaus? Ich brauche dich jetzt!“, schluchzte ich. Ich benötigte einen Halt, tröstende Worte, eine Umarmung, irgendetwas Liebevolles. Einen Schrei nach Hilfe sandte ich aus. Einen Schmerzensschrei, den konnte doch niemand überhören! „Ich weiß nicht, ob ich das kann“, räusperte sich Klaus. Seine Gleichgültigkeit ließ mich aus der Haut fahren. Selbst wenn die Welt untergegangen und er der letzte Mensch gewesen wäre, der mein Leben hätte retten können, er hätte sich niemals freiwillig in Bewegung gesetzt, um es zu tun. Irgendwann kappte ich wutentbrannt die Leitung.

Kapitel 21

Suizid

Im Internet googelte ich verzweifelt, wie viele Schlaftabletten ich nehmen müsste, um zu sterben. Sicher zu sterben. Mausetot zu sein…Schlaftabletten befanden sich im Haus. Mein Arzt hatte sie mir einmal verschrieben, aber ich hatte sie nicht eingenommen. Die Schachtel war noch voll. Die Beschreibungen, die ich zu den Tabletten las, ließen mich an meinen Suizidabsichten zweifeln. Es war von Gehirnschädigungen und üblen

Brechreizen die Rede, aber der Tod wäre niemals gewährleistet. Vielleicht war die Beschreibung zu den Tabletten gelogen, damit sich niemand aus dem Leben katapultierte, ich wusste es nicht. Mir war es aber zu riskant, das Risiko einzugehen, eine Hirnschädigung davonzutragen und den Rest meines Lebens vor mich hin zu vegetieren. Die ganze Nacht weinte ich mich in den Schlaf. Einen Sinn sah ich in meinem Leben nicht mehr. Soeben hatte ich alles verloren. Alles, was ich liebte. Mein Kind und meine große Liebe. Markus erlaubte mir großzügigerweise, dass ich mit Emma reden durfte. Er brachte sie am nächsten Tag zu mir. „Emma wollte mit dir reden, sonst hätte ich das Kind nicht hergebracht", sinnierte er, während er sich großkotzig in meiner Küche aufspielte wie ein Richter über Recht und Unrecht des Lebens. Er setzte sich dreist auf den Küchenstuhl, und steckte sich eine Zigarette an. „Ich bleibe hier. Ich lasse Emma nicht alleine. Du kannst ruhig die Polizei anrufen, die wissen sicher eh schon Bescheid", lachte er dreckig. Am liebsten hätte ich ihn aus meinem Haus geschmissen. „Hier wird nicht geraucht", wies ich ihn freundlich an. *Jetzt bloß nicht durchdrehen, Julia! Bleib ruhig!* Emma näherte sich mir vorsichtig und setzte sich ebenfalls an den Küchentisch. Sie sah mir nicht in die Augen. „Emma, ich möchte bitte mit dir alleine reden!" Ich spürte, dass die Tränen in mir wieder aufstiegen. Tapfer hielt ich sie zurück. Emma nickte, ohne ihren Blick zu heben. Es schien, als habe sie ein schlechtes Gewissen, oder als sei sie manipuliert worden. Manipuliert von ihrem Vater. Sie machte einen so fürchterlichen Eindruck. Mein Kind war völlig geknickt. Die Traurigkeit schrie aus ihr heraus. Ihre Seele weinte ebenso bitterlich wie meine. „Emma, bitte!“, drängte ich. Emma nickte. „Gut, ich gebe euch ein paar Minuten, und rauche draußen auf dem Hof.“ Markus erhob sich und verließ gnädig die Küche. Als ich ihn durch das Fenster draußen auf dem Hof erblickte, stand ich auf und nahm Emma wortlos in meine Arme. Meine Tränen liefen. Ich weinte so bitterliche Tränen, wie ich sie in meinem ganzen Leben zuvor niemals geweint hatte. Emma und ich brauchten keine Worte. Wir lagen uns in den Armen und weinten. Ich drückte mein Kind so fest an mich, wie ich nur konnte. Streichelte ihr zärtlich durch die Haare und wischte die Tränen aus ihrem Gesicht. „Was ist nur passiert?“, schluchzte ich verzweifelt. „Ich weiß es nicht“, weinte Emma. Während ich mein Kind im Arm hielt, spürte ich erstmals, wie zerbrechlich und dünn Emma war. Mein Gott, wie sehr musste sie in den letzten Wochen gelitten haben „Emma, bitte erzähle mir, was passiert ist!“ Emma schniefte ihre Nase in ein Taschentuch, und dann erzählte sie mit stockender Stimme. „Du hast nie Zeit für mich! Du schreist mich nur noch an! Du hast mir eine gescheuert! Du kümmerst dich nur um Klaus, ich bin dir völlig egal!“ Ihre Worte verletzten messerscharf. Wie eine Machete, die mein Herz durchtrennte. „Du bist doch froh, wenn ich endlich weg bin, du liebst mich gar nicht!“, versetzte sie mir schließlich den Todesstoß in mein geschundenes Herz.

„Emma, ich liebe dich über alles! Daran darfst du niemals zweifeln! Egal, was passiert! Bitte versprich mir das!“ Emma schüttelte den Kopf. „Ich kann es nicht mehr glauben“, sagte sie traurig. „Es ist aber die Wahrheit! Und was ich getan habe, Emma, dir angetan habe, das ist unverzeihlich! Das kann ich niemals wiedergutmachen! Aber ich kann es besser machen! Ich möchte dir zeigen, dass ich dir eine gute Mutter sein kann. Eine Mutter, die dich aus ihrem Herzen heraus liebt, wie nichts anderes auf der Welt. Du bist das Wertvollste, das ich besitze, Emma! Ich war nur zu blind in den letzten Wochen, zu erkennen, wie sehr du mich gebraucht hättest!“ Ich nahm Emmas Hand und streichelte sie zärtlich, während ich in ihre verweinten Augen blickte. Sie hatte mit allem, was sie sagte, so verdammt recht. Ein zwölfjähriges Kind öffnete mir endlich meine Augen. Dass ich mich in all den letzten Wochen so sehr in Dinge verrannt hatte, dass mir mein eigenes Kind entglitten war. Verrannt in Dinge, die total nebensächlich waren. Warum immer nur arbeiten gehen? Tag und Nacht!? Warum nicht einfach an einem herrlichen Sommertag mal das Schwimmzeug einpacken und an den See fahren? Warum rannte ich wie besessen einem Menschen hinterher, von dem ich glaubte, in ihm die Liebe gefunden zu haben, obwohl er nicht annähernd wusste, wie man Liebe buchstabierte? Der dazu schwer erkrankt war und ihn nur ein fachlicher Therapeut von seinem Elend befreien konnte. Für all diesen Wahnsinn ließ ich mein Kind links liegen, das mich so sehr gebraucht hätte. „So, Zigarettenpause ist um!“ Markus betrat wie Graf Koks die Küche und schmiss sich heldenhaft in die Brust. „Emma, komm, wir fahren erst mal wieder! Ihr könnt euch am Mittwoch weiter unterhalten.“ Ich warf Emma einen verzweifelten Blick zu. „Ich verspreche es dir!“ Emma nickte stumm. „Ich werde eine Entscheidung treffen“, sagte sie. Sie verstand genau, was ich ihr sagen wollte. Dass ich alles auf dieser Welt dafür gegeben hätte, sie nicht zu verlieren. Wie Schuppen fiel es mir von den Augen. Wie widerlich ich mich Emma gegenüber benommen hatte. Mein eigenes Kind stellte ich in den Hintergrund, weil ich, überfordert und nervlich belastet, mich mit Dingen beschäftigte, die mir keinen Raum für Emma ließen. Den ganzen Mist, der mich umgab, den musste ich mir dringend vom Hals schaffen, und meinem Kind wieder eine fürsorgliche Mutter sein. Es war sicherlich fünf vor zwölf, aber noch war nicht alles verloren. Ich hoffte, Emma würde mir eine Chance geben. Was mich an dem Termin beim Jugendamt erwarten würde, wusste ich nicht. Es machte mir Angst und bereitete mir Kopfzerbrechen, aber Emma sollte ihre Entscheidung unabhängig treffen. Wenn es wirklich ihr Wunsch war, bei ihrem Vater zu wohnen, was sollte ich tun? Ich konnte sie doch schlecht wissentlich einem Menschen überlassen, der psychisch krank war. Aber wenn sie ihn so sehr liebte? Ich dachte an mich, was ich nicht alles aus Liebe auf mich genommen hatte, obwohl meine Freunde die Hände über dem Kopf zusammenschlugen. Ich dachte, mein Kind wäre käuflich gewesen. Das war es aber nicht. Ebenso war Klaus nicht käuflich. Die Liebe ist ein seltsames Spiel, aber sie ist nicht käuflich.

Auch wenn es Markus gelang, sich an den Wochenenden zusammenzureißen und kein Bier zu trinken, so würde er das dauerhaft nicht durchhalten. Emma würde bald schon merken, dass sie die falsche Entscheidung getroffen hatte, bei ihrem Vater zu wohnen, wenn sie sich für ihn entscheiden würde. Was sollte ich tun? Mit all meinen Mitteln beim Jugendamt kämpfen, mein Kind nicht zu verlieren, oder sollte ich Emma ihre Entscheidung selbst überlassen? Eines war sicher. Emma würde mich niemals so sehr lieben, wie sie ihren Vater liebte. Markus war immer ihre Bezugsperson gewesen. Sie liebte ihn. Von Anfang an. All das, was in unserer Familiengeschichte falsch gelaufen war, ließ sich nicht mehr ungeschehen machen. Fest stand, wenn Emma bei ihrem Vater wohnen würde, hätte ich alles verloren. Klaus hatte ich sowieso verloren. Aus seinen Depressionen würde ich ihn nicht mehr befreien können. Er würde mich niemals lieben. Ich stellte mich meinen Wahrheiten. Sie waren bitter und schmerzten zutiefst. Das Leben zwang mich jedoch zu einer Entscheidung, der ich mich niemals hatte stellen wollen, die aber längst überfällig war. Zunächst einmal entschied ich mich, aufzuhören, um Klaus und seine Liebe zu kämpfen. Dieser Kampf war aussichtslos, und er kostete mich viel zu viel Energie. Diese brauchte ich jetzt für andere, wichtigere Dinge des Lebens. Für mein Leben. Und für das meines Kindes. Das Leben zwang mich plötzlich auch, endlich einmal an mich zu denken, was ich eigentlich wollte. Emma würde ich die Entscheidung überlassen, ob sie lieber bei ihrem Vater oder bei mir wohnen wollte. Inständig betete ich zu Gott, er möge mein Kind zur Besinnung bringen, und ihm verdeutlichen, wie sehr ich es liebte. Ich schrieb Emma an dem Abend eine Nachricht über das Handy. *Emma, egal wie du dich entscheidest, ich werde es akzeptieren! Ich liebe dich!* „Ich liebe dich auch!“, schrieb sie zurück, und mehrere Herzchen schmückten ihren Satz. Emma rührte mich zu Tränen. Nach langer Zeit, sehr langer Zeit, spürte ich sie wieder intensiv in meinem Herzen. Die Liebe zu meinem Kind. Wir waren wieder verbunden durch das unsichtbare Band der Liebe, das ich irgendwann einmal aus einem nicht zu entschuldigenden Versehen heraus durchtrennt hatte. Brutal, herzlos und auf eine grausame Art und Weise hatte ich es getan. Nachdem ich Emmas Nachricht gelesen hatte, piepte mein Handy erneut. Klaus hatte eine Nachricht geschickt. *Ich bleibe hier in Frankfurt! Weißt du, Julia, ich habe ja eigentlich nur Geldprobleme! Die zerreißen mich zwar, jedoch mehr ist das ja eigentlich nicht...Meine Depressionen sind aus rein finanziellen Nöten entstanden. Es hat sich alles verdichtet um mich herum, weil ich kein Geld habe... Ich hole morgen früh mein Auto bei dir ab. Lege mir bitte den Schlüssel auf den Beifahrersitz! Ich möchte dich nicht mehr wiedersehen,* antwortete ich, und dann schlief ich erschöpft von all den Ereignissen, die unbarmherzig mein Leben kreuzten, ein.

Klaus gab keine Widerrede. Den Schlüssel hatte er, wie von mir verlangt, auf den Beifahrersitz gelegt. Meine Hoffnung, dass er einen kleinen Brief dazu geschrieben hätte, dass er sich vielleicht doch einmal in einigen wenigen Sätzen bei mir bedankt hätte, für das, was ich bereit war, für ihn zu tun und für ihn zu geben, schlug fehl. Von ihm hatte ich nichts zu erwarten. Am allerwenigsten Liebe…

Kapitel 22

Klarsicht

Während ich heimfuhr, und tief in meinen Gedanken schweifte, spürte ich zum ersten Mal, dass Klaus keine Rolle mehr in meinem Leben spielte. Seine Macht war erloschen. Es schmerzte nicht mehr in meiner Brust. Mein Handy lag auf dem Beifahrersitz, und als es piepte, hegte ich natürlich für einen Moment den Glauben, er hätte mir doch noch etwas sagen wollen, aber die Nachricht war von Emma. *Mama, ich bleibe bei dir! Ich habe mich entschieden! Wir sehen uns Mittwoch!* Und wieder hatte sie ganz viele Herzchen hinter ihre Worte angehängt. Das war das erste Mal, dass sie das Wort Mama schrieb. Sie nannte mich immer nur bei meinem Vornamen. Wie sehr war ich berührt in dem Augenblick, als ich die Worte meines Kindes auf dem Display meines Handys las. Emma hatte sich entschieden, bei mir zu bleiben. Wie wundervoll. Welch ein Geschenk. In Tränen brach ich aus hinter dem Steuer meines Autos, und ich musste tatsächlich auf den Seitenstreifen fahren, um den Wagen anzuhalten. In all den letzten Monaten hatte ich niemals so viel Liebe erfahren, wie in diesem einen Moment, als Emmas Worte auf meinem Handy erschienen. Zärtlich strich ich über das Display. Alles würde gut werden. Ich war so glücklich an diesem Tag. Ich weinte aus Freude und purem Glück. Glück, eine Chance bekommen zu haben, alles besser machen zu dürfen. Die Sonne verschwand langsam blutrot am Horizont über den Weiten der Autobahn, und es war, als winkte sie mir ein letztes Mal zu, bevor sie endgültig unterging. Es war so friedlich in diesem Augenblick, während ich dem Untergang der Sonne folgte. In mir und in meinem Leben. Es glich einem Neuanfang. Wenn die Sonne morgen wieder aufgehen würde, erhielt ich eine neue Chance. Erleichtert und zutiefst berührt, von der Magie des Lebens, setzte ich meine Fahrt fort. Emma kehrte noch vor dem Mittwoch zu mir nach Hause zurück. Es war ihre freiwillige Entscheidung, mit mir zusammen den Termin beim Jugendamt wahrzunehmen, und sich mit mir noch einmal in Ruhe auszusprechen. „Es tut mir leid, dass ich dir Ärger bereitet habe“, sagte sie reumütig. Ich nahm sie liebevoll in den Arm. „Ich brauchte dieses Wachrütteln von dir, Emma! Dich trifft keine Schuld! Die Schuld liegt allein bei mir! Wir schaffen das, versprochen!“ Emma lächelte. „Ja“, sagte sie mit glänzenden Augen. Dem Termin sah ich gelassen entgegen, weil ich wusste, dass Emma ihre Entscheidung nicht mehr revidieren würde. Das Geld meiner Bücher traf ein. An dem Dienstag vor dem Mittwoch. Vor dem besagten Mittwoch. Mit einem lachenden und einem weinenden Auge betrachtete ich den Kontoauszug. Was bedeutete es schon, Geld auf dem Konto zu haben, gegen die aufrichtige Liebe eines Kindes, das man glaubte, verloren zu haben und das wieder heimkehrte…?

„Überweisen Sie bitte den gesamten Betrag auf dieses Konto hier“, wies ich die Bankangestellte an. „Ja, gern!“ Lächelnd füllte sie den Überweisungsträger aus. Das Geld würde morgen auf dem Konto des Empfängers sein, sagte sie freundlich. „Schreiben Sie bitte dazu, „Einfach mal leben!“ „Ja, gern! Der Empfänger wird sich bestimmt sehr darüber freuen!“ „Es gibt Menschen, die werden von ihren Krankheiten durch Geld geheilt“, sagte ich nachdenklich. „Und es gibt Menschen, die sind einfach nur glücklich in ihrem Leben, auch ohne Geld. Weil sie lieben können, und weil sie geliebt werden.“ Die Angestellte musterte mich neugierig und sehr eindringlich. „Ja, Geld macht nicht immer glücklich“, pflichtete sie mir schließlich bei.

Als ich an dem Tag nach Hause fuhr, war ich ein sehr glücklicher Mensch. Endlich würde ein neues Leben beginnen. Mein Gewissen, Klaus letztendlich doch noch helfen zu können, weil ich seit Monaten glaubte, ich müsste es tun, warum auch immer, ich nannte es Liebe, hatte ich befriedigt. Sämtlichen Erlös aus den Büchern hatte ich ihm soeben überwiesen. Ihn selbst wollte ich nicht mehr wiedersehen. Überall blockierte ich ihn. In meinem Telefonbuch im Handy löschte ich seine Nummer, und in allen sozialen Netzwerken kappte ich die Verbindung. Eine neue Handykarte hatte ich mir bereits besorgt. Klaus würde mich nicht einmal mehr anrufen können. Es ging mir gut. So verdammt gut. Ich war frei! Meine Seele atmete auf, während ich nur noch wenige Kilometer bis zu meinem wundervollen Zuhause zu fahren hatte. Emma wartete bereits auf mich. Sie hatte mir eine WhatsApp-Nachricht geschrieben, sie hätte für uns gekocht. Es war ihr sehnlichster Wunsch gewesen, endlich einmal für ihre Mutter kochen zu dürfen und ihr beweisen zu können, wie toll sie das gelernt hatte. Wenn ich zuvor doch immer Angst gehabt hatte, sie könnte mir die Küche versauen, so willigte ich ein. Freudestrahlend hatte Emma erzählt, dass sie bei ihrem Vater daheim immer kochen durfte, und sie gern einmal für mich kochen wollte. Bisher hatte ich es immer verboten. Mein Gott, wie vieles hatte ich meinem Kind abgeschlagen und ihm verboten. Überall hatte ich Emma Grenzen gesetzt, weil ich selbst beengt in meiner Wahrnehmung war. Ich wollte mich von Emmas Kochkünsten überraschen lassen. Ich war so gespannt…und freute mich auf einen schönen Abend mit meiner Tochter. Endlich würden wir Zeit haben, uns kennenzulernen. Niemand würde sich uns mehr in den Weg stellen. Die Verletzungen unserer Herzen würden heilen. Irgendwann würden wir vergessen können. Ich würde Emma bald einen Brief schreiben. In

Worten war ich immer besser als in Taten. Ich würde ihr schreiben, wie stolz ich auf sie war und wie lieb ich sie hatte.

Ein Fuchs. Mein Gott, geh weg! Geh doch weg! Plötzlich stand dieser Fuchs auf der Fahrbahn. Wie aus dem Nichts heraus. Bewegungslos stand er da. Ich konnte ihm nicht mehr rechtzeitig ausweichen. Entsetzt riss ich das Lenkrad herum. Ein Auto aus dem Gegenverkehr erfasste meinen Kombi. Durch die Wucht des Aufpralls wurde dieser in den Graben geschoben und stürzte den Abhang hinunter...

Ende…

30263180R00087

Printed in Poland
by Amazon Fulfillment
Poland Sp. z o.o., Wrocław